《中国旅游经济蓝皮书No.15》编委会

主　任：戴　斌
副主任：李仲广　唐晓云
编　委：（按姓名音序排列）
　　　　戴　斌　何琼峰　李仲广　马仪亮　宋子千
　　　　唐晓云　吴丰林　吴　普　杨宏浩　杨劲松

《中国旅游经济蓝皮书No.15》编辑部

主　　编：戴　斌
执行主编：马仪亮
编　著　组：（按姓名音序排列）
　　　　白慧茹　边　蕊　郭　娜　韩　霄　何琼峰
　　　　胡宁婷　黄　璜　蒋艳霞　李　惠　李隆辉
　　　　李鹏鹏　李　雪　刘倩倩　刘祥艳　马仪亮
　　　　亓春元　宋子千　吴丰林　吴　普　吴羽涵
　　　　熊　娜　徐　宁　杨宏浩　杨劲松　杨晓燕
　　　　战冬梅　张佳仪　张　杨　周　琰

中国旅游经济蓝皮书

Blue Book of China's Tourism Economy

2022年中国旅游经济运行分析与2023年发展预测

CHINA'S TOURISM PERFORMANCE:
REVIEW & FORECAST (2022~2023)

中国旅游研究院

中国旅游出版社

终结与重构

——2022年旅游经济回顾与2023年展望

随着新冠疫情防控"二十条"和"新十条"的颁布实施,特别是国务院联防联控机制宣布"乙类乙管"和中外人员往来新规后,旅游业迎来了抗疫复苏的战略转折点:最坏的日子已经过去,最好的时光即将到来。2022年是新冠疫情以来旅游市场最困难的一年,也是最能体现旅游业韧性的一年,在政策托底和产业托举下,以旅游集团20强为代表的市场主体"虽千万人,吾往矣",以逆势创新赢得了行业的尊严。2023年是贯彻落实党的二十大精神,以中国式现代化全面推进中华民族伟大复兴的开局之年,也是坚持以文塑旅、以旅彰文,推进文化和旅游深度融合的破题之年。终结萧条、走向繁荣,管控预期、释放潜力,提振信心、扩大投资,不断满足广大游客品质化和多样性的旅游需求,重构旅游业高质量发展新格局,将是全年旅游工作的主基调。

一、终结波动下行的消费预期,重构复苏向上的市场信心

2022年新冠疫情散发贯穿全年,各地防控措施竞相收紧,居民出游心态更趋谨慎。尽管11月11日优化疫情防控的"二十条"和12月7日疫情防控"新十条",标志着全国疫情防控导向发生了根本变化,但是各地的感染高峰还是让政策翘尾效应失去了最后的窗口期。中国旅游研究院(文化和旅游部数据中心)专项监测表明:2022年全国旅游经济运行综合指数(CTA-TEP)位于临界值以下,1~4季度指数值分别为95.60、97.82、85.59和99.32,季度均值为94.58,较2021年低8.64。其中,居民出游意愿均值为86.73,与上年基本持平,而企业家信心指数则连续三个季度低于临界值。2022年全国国内旅游人数和国内旅游收入同比下降22.1%和30%,恢复至2019年的42.1%和30.7%。

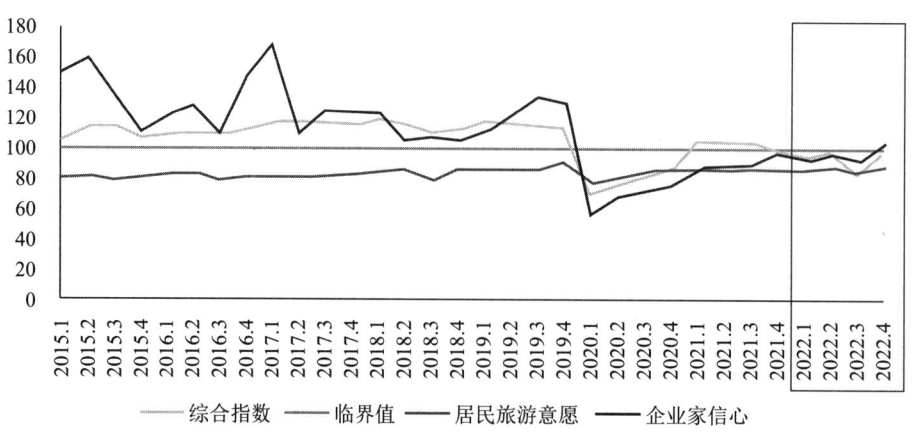

图1 2015~2022年分季度国内旅游景气及居民出游意愿指数

* 资料来源：旅游经济文化和旅游部重点实验室

12月26日，国务院联防联控机制发布《关于印发对新型冠状病毒感染实施"乙类乙管"总体方案的通知》，自2023年1月8日起，对新型冠状病毒感染实施"乙类乙管"，围绕"保健康、防重症"，采取相应措施，最大限度保护人民生命安全和身体健康，最大限度减少疫情对经济社会发展的影响。政策千万条，市场第一条。只要终结了城乡居民流动和接触性消费的限制措施，加上预期内的感染高峰过后，城乡居民的出游意愿很可能于第一季度末由"谨慎"转向"积极"。我们有理由将2023年旅游经济预期由"谨慎乐观"上调为"乐观"，全年将呈现"稳开高走，加速回暖"的态势，季度增速有望环比走高。受探亲访友、民俗休闲、亲子研学、冰雪和避寒需求增长的拉动，即将到来的春节假期将成为疫情以来最值得期待的春节旅游市场。清明节、端午节、劳动节假日旅游需求，加上商务旅行的刚性增长，第二季度旅游市场将进入预期转强和供给优化的新通道，暑期则有望迎来全面复苏，避暑旅游很可能接近甚至达到疫情同期水平。预计2023全年国内旅游人次和国内旅游收入恢复至疫前的70%~75%，入出境旅游人次有望恢复到疫前的三到四成。

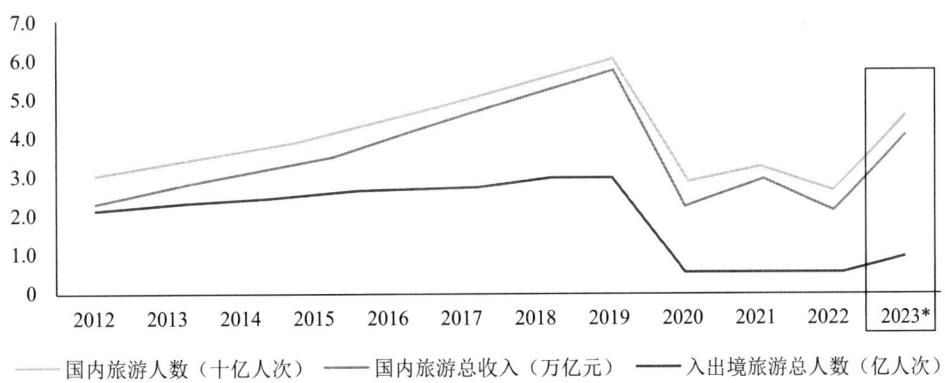

图2 2012~2023年旅游市场主要指标趋势

* 资料来源：旅游经济文化和旅游部重点实验室

发展建议（一）

加强预期管控，释放消费潜力，持续扩大国内旅游市场规模。

疫情向后退，旅游向前进。贯彻中央经济工作会议精神，文化和旅游系统要主动担当，积极作为，充分发挥旅游在扩大内需特别是最终消费中的突出作用，做好旅游领域"稳增长、稳就业、稳物价"工作。推出更多优秀的文艺作品和优质旅游产品，引导游客"治愈"与"自愈"相结合，逐步把旅游意愿和消费预期调整到应有的水平。及时将旅游工作的重点调整到城市中来，重点推进国有重点旅游景区特别是城市公园降价和免费，国有博物馆和美术馆免费开放，分类分阶段激活城镇居民的都市休闲、周边旅游、近程旅游和中远程旅游、出境旅游需求。以节假日为节点，以避暑、冰雪、研学、红色、乡村旅游为支撑，持续释放城乡居民旅游消费潜力。重点抓好春节假日旅游市场供给，特别是冰雪、避寒、民俗、非遗、探亲访友、休闲娱乐、亲子研学、自驾旅游等旅游产品供给，抓住七八月份避暑旅游和研学旅游时间窗口期，争取国内旅游市场尽快进入全面恢复新通道。

二、终结传统旅游发展模式，重构现代旅游产业体系

随着政策效应从需求向供给的传导，会有越来越多的旅游运营商和投资机构增强复苏信心，开始人员召回、产品研发和供应链重组等全面复业的准备。

这是国家希望的，也是人民期盼的，旅游业界应当也必须与此相向而行。需要指出的是，市场复苏不是回到过去，疫情对旅游偏好的影响将深刻改变旅游投资方式和供给行为。经此一疫，"人山人海吃红利，圈山圈水收门票"的时代已经过去，"走马观光逛景点，扎店购物吃回佣"的模式更不可能让旅游业重回黄金时代。消费是理解旅游经济的钥匙，也是行政主体和市场主体，特别是市场主体一切创业创新创造活动的出发点。疫情三年，改革开放四十多年，由此上溯到19世纪40年代近代旅游业起源与演化的历史，从来都是旅游者在定义旅游业，而不是相反。在巨大的市场转型和产业变革面前，我们能够做的，也必须要做的就是适应与变革，适应消费需求和旅游的变化，以科技创新、市场创新、管理创新和产品创新推进产业的变化。市场从来是都是适者生存，商业则是资本、技术、人力资源、信息、数据、意志力、创新力等多种要素和能力的综合博弈，它会为最终的胜出者戴上桂冠、献上颂歌并勒石记功，却从不会因为退场者的悲伤叹息而伫足。

发展建议（二）

提振信心，引导投资，持续完善旅游基础设施和公共服务体系；面向新需求，培育新动能，引导传统旅游企业的现代化转型和新型市场主体的实体化运营。

消费在变化，供给要改革。中央经济工作会议以后，发改、财政、金融、国资和宣传部门将会围绕中央重点部署的国家重大工程加大建设力度，五大国家文化公园、世界级旅游城市、世界级旅游景区和度假区、国家级旅游城市和街区、文化和旅游深度融合，以及世界一流企业等。文化和旅游部门要在规划引领、建设指导和市场宣传方面积极作为，主动发声，切实加强对区域性重点工作的指导，包括但不限于青海国际生态旅游目的地、宁夏贺兰山东麓世界葡萄酒旅游目的地、辽宁东北亚国际旅游目的地、阿尔山国际旅游度假区等。2023年是"十四五"规划承上启下的关键一年，规划目标和相关任务受疫情影响在前两年有所耽搁。要把工作重心放到"1+2+8"规划体系落实上来，根据党中央国务院最新要求，结合市场发展情况对相关规划内容进行评估调整。

经此一疫，城市的旅游消费中心和市场基础支撑地位更加突出，都市休闲、周边和近程旅游已经成为旅游投资基础支撑和创业创新的主引擎。本地旅游休闲的市场规模、消费频次和增长速度，将是旅游投资和项目建设的空间布局，以及运营基地和市场节点选择时优先考量的因素。相对于远离客源市场的传统旅游目的地和旅游景区度假区，那些人口净流入的城市，尤其是常住人口超过1000万人、地区生产总值超过1万亿元、地方财政收入超过1000亿元、社会商品零售总额和居民存款高的大城市及其周边100公里范围内的城市和乡村，将会成为旅游增量投资高地和创业创新策源地。这并不意味着广大中西部和东北地区，以及乡村没有投资机会，而是会更加依赖来自基础设施和公共服务领域的政府投资和财政、发改和金融部门的政策支持，以及中央和地方国有旅游集团的战略投资，商业机构和民营企业更加强调现金流的稳定，对加杠杆的投资模式会更加谨慎。

景观之上是生活，旅游者在行程中更加看重文化内涵和场景体验，旅游目的地的价值重点正在从风景转向场景。中国旅游研究院12月11日发布的《潮品牌新势力：2022中国旅游创业创新案例》表明：投资机构和旅游运营商在细分市场上加大了融合创新的力度，露营经济、近郊度假、社群旅游、旅游+轻体育、时尚餐饮、艺术酒店等，正在用优质的供给创造全新的需求。从错峰旅游到反向旅游，再到囤旅游，是新时代旅游者追求性价比、个性化和品质体验的理性选择的结果。疫情期间，人们欣赏身边的美丽风景，体验日常的美好生活，在老地方寻找新玩法。疫情过后，为都市休闲和周边旅游而购买的帐篷、冲锋衣、烧烤架、野餐垫、滑雪板、天文望远镜等休闲装具不会闲置，当地玩乐的朋友圈也会保持相应的活跃度，进而影响中远程旅游目的地围绕生活方式而规划项目和研发产品。因为科技创新和数字化转型，一个面向新需求、依托新动能，分工深化和链条延展的现代旅游业体系正在加速形成。

发展建议（三）

指导各地利用相对积极的财政政策、金融政策、社会保障政策和产业政策，合理运用优惠、减免、奖补等方法刺激旅游经济复苏增长。

党的二十大报告提出，"优化民营企业发展环境，依法保护民营企业产权和企业家权益，促进民营经济发展壮大""支持中小微企业发展，深化简政放权、放管结合、优化服务改革"，继国务院常务会议多次强调"要尽可能吸引民间投资"后，2022年11月7日，国家发展改革委发布《关于进一步完善政策环境加大力度支持民间投资发展的意见》，提出支持民间投资参与102项重大工作等项目建设，支持制造业民间投资转型升级等21条举措。新时代的旅游集团和旅行服务商、旅游住宿商、旅游景区和度假区等各类旅游业态，要更加强调自身作为企业的共同属性，用足用好各类普惠性的财政、发展、金融、社会保障和产业政策。

旅游业没有天然的嫡系部队，谁能保障人民的旅游权利，为广大游客提供高品质的游前、游中和游后服务，谁就是旅游系统的嫡系部队；旅游业也没有一成不变的主力军，谁有强大的竞争力、创新力和社会影响力，谁就是旅游业的主力军。

基于旅游供给变迁的系统研究和产业演化逻辑的科学把握，新时期旅游产业政策的价值取向要及时从之前的托底、纾困、托举转向对旅游投资机构和市场主体的创新引导上来。回顾过去三年的政策取向，2020年主要是稳市场主体，免征增值税、税费优惠、旅游服务质量保证金、住房公积金、担保、贷款、失业保险、复产、金融服务等，以及针对旅行社、在线旅行商（OTA）实施退费免税等政策，帮助企业"活下去"。2021年重点保就业，政策关键词包括稳岗扩岗、社会保险、人员培训、个人所得税、住房公积金、增值税、免征税等。2022年重点扩消费，关键词包括消费券、消费业态、营销宣传、零售、产业链、科技赋能等。

发展建议（四）

保持助企纾困政策的延续性，避免市场主体未复工先失血。

旅游市场复苏需要过程，旅游企业经营情况改善有快有慢，不能疫情管控放开了，对旅游企业的帮助扶持就不管不顾了。减税降费、缓缴社保等政策大多截至2022年底，随着社保基数上涨，需要补缴的社保费用负担陡增。按照目前的政策规定，2023年3月31日后旅行社补缴保证金压力很大。使得2023年很多旅游企业会迎来刚性成本兑付"洪峰"。要适时延长涉旅优惠政策时限，错开政策到期期限，鼓励质保金保险产品研发推广。要转危为机，继续推动《关于金融支持文化和旅游行业恢复发展的通知》《关于进一步完善政策环境加大力度支持民间投资发展的意见》等政策文件落地，解决长期困扰旅游企业间接融资获批难、费率高等难题。

三、终结入出境市场萧条周期，重构全球旅游话语体系

2022年12月27日，国务院联防联控机制外事组发布《关于中外人员往来暂行措施的通知》，自2023年1月8日起，根据国境卫生检疫法，不再对入境人员和货物等采取检疫传染病管理措施；根据国际疫情形势和各方面服务保障能力，本着试点先行原则，有序恢复中国公民出境旅游。这与我们在2022年9月下旬的预判是一致的：随着政策储备、压力测试和精准防控经验的积累，中国的入出境旅游市场在年底年初迎来一个稳步复苏和逐步回暖的窗口期，是完全可以期待，也是需要从现在起就要认真准备的。考虑到入出境旅游的消费决策重启、供给要素重组和配套政策出台都需要时间，市场也有一个从谨慎到积极的预期调整过程，能够显现为市场热度和行业感知的政策效应可能需要一个季度左右的过渡期。鉴于出境旅游者、市场主体和海外旅游目的地对入出境政策的响应，以及团队旅游业务在出境旅游市场的代表性，旅游部门宜及时发布重启入出境团队旅游业务政策文件，并对出境旅行社和海外旅游目的地做必要的行政指导。

发展建议（五）

及时发布团队旅游和"机票＋酒店"旅游业务的重启政策，给予旅行服务商特别是数千家出境旅行社以发展的信心和稳定的预期。

各大出境旅游批发商、零售商和资源商，以及海外旅游目的地供应商，从现在起就要做好专业人员召回与培训、同业关系重建、资源重组和产品研发的准备，迎接第二季度以后的全年入出境市场持续快速回暖。从机票搜索、出游意愿等先行指标来看，日本、韩国、泰国、香港和澳门特别行政区等周边市场可能是先行复苏的目的地，然后是西亚和欧洲等中远程市场。在此进程中，商务、探亲、研学将起到基础支撑作用，随之跟进的观光、休闲和度假市场将会更加强调依托商业环境和公共文化场景，更加强调对当地生活方式的深度体验。

根据外交部的官方消息，我国已经与150个国家缔结各类互免签证协定或者安排，中国公民持所适用的护照前往这些国家短期旅行通常无须事先申请签证。虽然绝大多数国家要求外交、公务和普通公务护照，但是波黑、阿联酋、

圣马力诺、亚美尼亚等国已经对普通护照给予了免签待遇，俄罗斯、乌拉圭、阿塞拜疆等国则开放了团体旅游的免签证。种种迹象表明，中国正在加速重归世界旅游体系，重构世界旅游经济格局，正在迎来从旅游资源大国到旅游大国再到旅游强国的新时代。这个新时代不仅是因为我们有重启后全球最大的旅游客源市场，以及竞争力、创新力和影响力持续增长的旅游市场主体，还因为我们有人类命运共同体理念指引下的全球旅游治理的中国方案。这个方案需要为全球旅游业"共同复苏、强劲复苏"贡献包括出境旅游消费、跨国旅游投资，以及文化、教育、科技与旅游融合发展的中国力量。这个方案也需要世界各国各地区与中国相向而行，共同推动签证便利化和海外旅行便捷性，持续扩大国际旅游市场规模，为建设一个持续繁荣的世界旅游经济而努力奋斗。这个方案还需要各国各地区旅游业界坚守团结协作的初心，深化国际旅游产业合作，推动建设绿色、开放、共享的世界旅游新格局，为文化传承、文化创造和文明发展做出更大的贡献。

新时代的国家旅游战略，不可能，也没有必要追求持续性的服务贸易顺差，更没有必要对每个国家在什么时候都追求顺差。适度的旅游与旅行贸易逆差有利于保持国际收支基本平衡，以及跨境资金流动平稳有序。据国家外汇管理局数据，2022年前三季度，我国国际收支保持基本平衡，经常账户顺差3104亿美元。值得关注的有两个数据，一是货物贸易顺差5216亿美元，创历史同期新高；二是旅行逆差797亿美元，同比增长18%，主要是跨境留学支出有所增加。面对疫后恢复和格局重构的世界旅游业，旅游系统和旅游行业要自觉践行以习近平同志为核心的党中央提出的实现人类共同发展的"中国方案"——人类命运共同体理念，为世界旅游业的繁荣发展贡献中国力量。党的十八大明确提出"要倡导人类命运共同体意识，在追求本国利益时兼顾他国合理关切"。2021年5月31日，习近平总书记在十九届中央政治局第三十次集体学习时指出，"讲好中国故事，传播好中国声音，展示真实、立体、全面的中国，是加强我国国际传播能力建设的重要任务"。这就要求我们将民族全面复兴和人的全面发展的中国梦作为入境旅游的新动能，也要求出境旅游要自觉承担展示新时代中国形象的重任，推动有实力的市场主体走出去，用好国际国内两个市场、两种资源，建设世界一流的旅游集团。在国际交流合作进程中，特别是双边框架下的旅游年、多边机制中的旅游部长会、互设文化中心和旅游办事处、国际旅游交易会、ADS更新升级磋商等议程和会序中，主动设置世界旅游共同体建设的议题，在全球旅游治理中发出更多的中国声音，贡献更多的中国智慧。这需要政府、业界和市场多元主体本着理性务实的原则，打破各说各话、各行其是的固有模式，在协商共识的基础上相向而行。

四、终结单向度旅游发展模式，重构以人民为中心的当代旅游发展理论

在中国式现代化全面推进中华民族伟大复兴的进程中，旅游业面临着理念重构和实践创新的现实课题。20世纪80年代，旅游发展的指导思想是"创汇导向，入境为主；政府主导、适度超前"，强调旅游业的经济属性和市场化取向。20世纪90年代提出发展国内旅游，培育"国民经济新的增长点"。1999年的"国庆黄金周"，标志着城乡居民旅游意识的觉醒和以国内消费为基础的大众旅游市场的形成。2009年国务院发文，明确提出"把旅游业培育成为国民经济的战略性支柱产业和人民群众更加满意的现代服务业"。2013年颁布的《中华人民共和国旅游法》彰显了保护旅游权利和发展旅游产业的国家意志，2021年全国人民代表大会通过的《国民经济和社会发展第十四个五年规划和2035年远景目标纲要》和国务院发布的《"十四五"旅游业发展规划》，进一步彰显了以人民为中心的旅游发展理念。

中国式现代化要求丰富人民精神世界，实现全体人民共同富裕，促进人与自然和谐共生。旅游业要将推进人的全面发展和精神层面的共同富裕作为新时代的发展目标，不仅要强调经济属性，也要强调文化内涵；不仅有产业功能，也有事业目标；不仅要市场供给，也要公共服务。进一步强化平民、平等和平稳的发展理念，让更多人有得游、游得起、玩得好。通过发展国内旅游和出境旅游，推动全体人民精神生活的共同富裕，让游客在行程中体验文化之美，增强文化自信。坚持以文塑旅，以旅彰文，推进文化和旅游深度融合，发展大众旅游、智慧旅游、绿色旅游和文明旅游，应当成为新时代旅游业必须坚守的价值取向。

坚持以人民为中心的发展理念，将"游客满意度高不高""市场主体竞争力强不强""发展动能新不新"作为新时代旅游业高质量发展的衡量指标，在质的有效提升基础上寻求量的合理增长。进一步加强需求侧管理，以需求侧管理促进供给侧改革，特别是要下更大的力气研判城市和农村居民的旅游需求及其变化。农业农村现代化加速推进，更多的农村居民不仅以旅游接待者，而且以旅游消费者身份加入到旅游进程中来。一旦广大农村居民的旅游意识被唤醒，旅游消费的内需基础将更加坚实，也将为旅游创业创新带来全新的想象空间。强化客源地思维，将新时代旅游工作重点转移到城市中来，以主客共享、存量利用、增量拉动的新理念指导资源开发和项目建设。山水林田湖草沙等自然资源，历史遗存、文化遗产、民族风情、民间文化等人文资源是观光旅游的本底资源，文化创意、科技创新、人才创业则是休闲体验、场景建设和度假旅游的关键要素。创新旅游统计理论，完善需求导向的数据体系，让高质量的旅游数据成为美好生活的温度计、共同富裕的测量仪和旅游业高质量发展的加速器。

中国式现代化要求促进人与自然和谐共生，推动构建人类命运共同体，创造人类文明新形态。无论是各级政府主导的旅游目的地建设，还是各类市场主体的旅游投资和商业运营，都要发展绿色旅游和文明旅游。在全面建设社会主义现代化强国的进程中，我国将在世界旅游经济体系中扮演更加重要的角色，发挥更为关键的作用。民族复兴和人民幸福的中国梦将为国家旅游形象注入全新内涵，吸引"一带一路"沿线国家、APEC、RCEP、上海合作组织成员和金砖国家的更多游客来访，同时也会有越来越多的中国游客在这颗蓝色的星球上自由地行走。外国的旅行服务商、酒店管理公司和专业人士可以进来，中国的企业也可以走出去，统筹用好国际国内两个市场两种资源，并接受全球化市场规则和商业伦理的考验。

没有什么力量能够阻止人民对美好旅行生活的向往，也没有什么力量能够阻挡旅游业高质量发展的进程。全体旅游人团结起来，在大众旅游、文明旅游的旗帜下，在智慧旅游、绿色旅游的道路上，让无力者有力，让抱薪者温暖，让创新者前行！

CONTENTS 目　录

| 第一章 | **总体研判与发展预测** ⋯⋯⋯⋯⋯⋯⋯⋯⋯⋯⋯⋯⋯⋯⋯⋯⋯⋯⋯⋯ 1 |

一、2022 年旅游市场"低开稳走，波动缓升"，政府托举政策和市场主体创新稳住了旅游经济基本面 ⋯⋯⋯⋯⋯⋯⋯⋯⋯⋯⋯⋯⋯ 2

二、2023 年旅游市场预期乐观，全年"稳开高走，持续回暖"，暑期或迎全面复苏 ⋯⋯⋯⋯⋯⋯⋯⋯⋯⋯⋯⋯⋯⋯⋯⋯⋯⋯⋯⋯⋯ 6

三、工作建议 ⋯⋯⋯⋯⋯⋯⋯⋯⋯⋯⋯⋯⋯⋯⋯⋯⋯⋯⋯⋯⋯⋯ 8

| 第二章 | **旅游消费变迁与国内市场演化** ⋯⋯⋯⋯⋯⋯⋯⋯⋯⋯⋯⋯⋯ 11 |

一、旅游消费"总量有收缩、结构有变化" ⋯⋯⋯⋯⋯⋯⋯⋯⋯⋯ 12

二、国内旅游市场继续探底 ⋯⋯⋯⋯⋯⋯⋯⋯⋯⋯⋯⋯⋯⋯⋯⋯ 17

三、本地人游本地改变区域旅游发展格局 ⋯⋯⋯⋯⋯⋯⋯⋯⋯⋯ 22

| 第三章 | **港澳台旅游交流合作** ⋯⋯⋯⋯⋯⋯⋯⋯⋯⋯⋯⋯⋯⋯⋯⋯ 27 |

一、疫情对港澳台旅游发展的影响并没有因为防控政策变化显著消除 ⋯⋯⋯⋯⋯⋯⋯⋯⋯⋯⋯⋯⋯⋯⋯⋯⋯⋯⋯⋯⋯⋯⋯⋯⋯ 28

二、大湾区一体化提高内地与港澳旅游发展的协同性 ⋯⋯⋯⋯⋯ 36

三、多线联动彰显两岸旅游交流合作韧性 ⋯⋯⋯⋯⋯⋯⋯⋯⋯⋯ 39

四、变局中拓展港澳台旅游交流合作新格局 ⋯⋯⋯⋯⋯⋯⋯⋯⋯ 41

第四章	全球视野中的入出境旅游市场……………………………43

一、世界旅游业恢复步伐加快……………………………………44
二、我国入境旅游市场将进入快速复苏通道……………………49
三、信心渐增的中国出境旅游市场………………………………54

第五章	现代旅游产业体系建设…………………………………59

一、旅游景区、主题公园与旅游度假区发展……………………60
二、旅行服务业发展………………………………………………63
三、旅游住宿业发展………………………………………………66

第六章	推进中国式现代化旅游公共服务与治理体系…………71

一、旅游政策：从托底到托举……………………………………72
二、旅游行政工作：从有为到高效………………………………78
三、旅游公共服务：从专用到共享………………………………83

第七章	游客满意度与旅游高质量发展…………………………89

一、游客满意度回落，市场期待少一些层层加码与多一些治理
创新………………………………………………………………90
二、旅游需求日新月异，好产品是保证游客满意的第一步………95
三、趋势及建议……………………………………………………98

第一章

总体研判与发展预测

2022年旅游市场"低开稳走、波动缓升",旅游产业景气、企业家信心、游客满意度等规模、质量和效益指标全面走低,旅游市场主体经营困难加剧,都市休闲和近程旅游成为企业生存和创业创新的市场依托。随着新冠疫情防控政策的方向性调整,2023年第一季度各地陆续经历感染高峰后,城乡居民出游谨慎心态将逐渐消解,我们有理由对全年旅游经济持乐观预期。预计全年旅游市场"稳开高走、持续回暖",国内旅游人数和收入有望恢复到2019年的七成以上,在商务、留学和探亲访友需求带动下,入出境市场或迎来明显的增长。贯彻落实中央经济工作会议精神,把改善预期、提振信心,恢复和扩大旅游消费作为全年旅游工作主基调。加强对各地的专业指导和市场治理,防止经营者抢复苏出乱象。助企纾困政策要有适度延续性,避免疫情期间缓缴的旅行社质保金、社会保障经费和房租等经营成本形成刚性兑付"洪峰"。

一、2022年旅游市场"低开稳走,波动缓升",政府托举政策和市场主体创新稳住了旅游经济基本面

(一)市场景气下探,国内旅游跌至疫情以来新低

2022年新冠疫情散发贯穿全年,确诊病例人数远超2021年,各地防控措施争相收紧,居民出游心态更趋保守。11月11日,优化疫情防控"二十条"颁布。12月7日,国务院联防联控机制综合组继续发布疫情防控"新十条",12月13日凌晨行程码下线,全国疫情防控口径发生方向性变化,因疫情防控阻碍游客流动的措施基本取消。各地相继迎来的感染高峰形成了年内旅游市场复苏的社会屏障,预期的翘尾效应失去了最后的窗口期。2022年全国旅游经济运行

综合指数（CTA-TEP）位于临界值以下，第一至第四季度指数值分别为95.60、97.82、85.59和99.32，季度均值为94.58，较2021年低8.64。居民出游意愿均值为86.73，与上年基本持平。旅游企业家信心指数3个季度低于临界值（图1-1）。

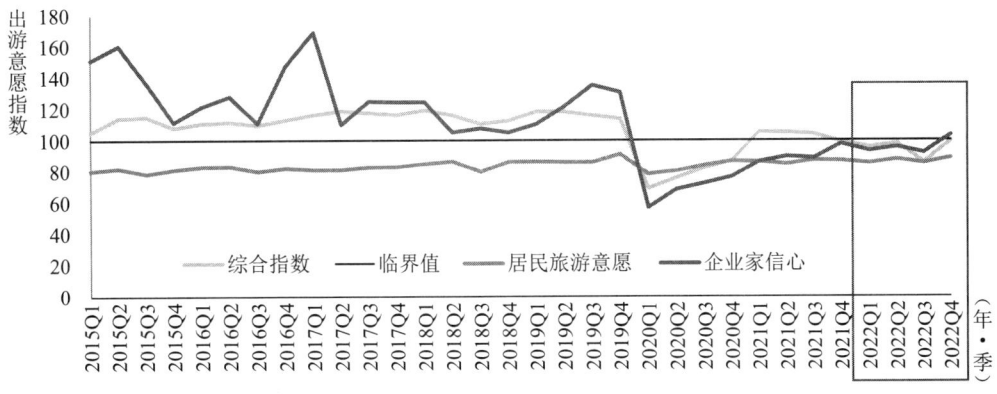

图1-1 2015~2022年国内旅游景气及居民出游意愿指数（季度）

2022年全国国内旅游人数约25.3亿人次，同比下降22.1%，较2020年下降12.12%，恢复至疫前42.1%；实现国内旅游收入约2.04万亿元，同比下降30%，较2020年下降约8.5%，恢复至疫前30.7%。预计全年入出境旅游人数约4630万人次，同比下降约4.8%，恢复至疫前15.5%。

（二）旅游市场复苏阻力下沉，旅游消费呈现"时间前移、空间就近、结构分散"特征

新冠疫情暴发初期，各方预期短时间内可控，疫情防控是临时性措施，全国疫情防控表现为"上紧下松"特征。2022年，国内疫情散发不断，西藏、内蒙古、贵州、广东等地因疫情防控不力，一批干部被追责问责，地方防控力度不断强化，呈现出"上稳下紧"特征，党中央、国务院坚持动态清零总方针，地方防控中"层层加码""一刀切"屡禁不止。一线、新一线城市防控精准性相对更高，二线、三四线城市以及农村地区防控口径梯度递增，旅游市场复苏阻力下沉明显，加剧了旅游需求多在客源地就近释放，很多游客不用买机票、火车票，甚至不住宿和买门票，旅游消费从食、住、行、游、购、娱等传统旅游

特征产业,部分流向了体育用品、游乐用品等生产和消费的旅游相关产业当中,旅游消费的行业边界更加宽泛。2022年节假日游客消费调查显示,9成以上游客有行前消费,占比较疫情之前呈倍数增长。且疫情之前排名首位的食品消费,如今只能位居冲锋衣、桌游、飞盘等装备和游戏用品之后,排在第四位。

（三）扶持政策由托底转向托举,各地争相通过旅游优惠稳定基础市场

2022年1月1日至11月25日,国务院、文化和旅游部及相关部委共发布了40个与旅游发展密切相关的政策文件。政策内容主要围绕文化、发展、服务、乡村、加强、疫情、防控、休闲、户外运动等政策文件中出现的高频词展开,总体上可划分为纾困解难、推动旅游市场复苏和促进旅游产业发展三类。2022年2月,国家发展改革委、文化和旅游部等14部门联合印发《关于促进服务业领域困难行业恢复发展的若干政策》,提出3个方面43条具体措施,针对旅游业打出"10+7+N"的政策组合拳。2022年4月,文化和旅游部调整暂退旅行社旅游服务质量保证金政策,将保证金暂退比例提高到100%,并将新取得经营资质的旅行社一并纳入政策支持范围。2022年5月,国务院出台《扎实稳住经济的一揽子政策措施》,对旅游等困难行业给予更大力度支持。2022年7月,中国人民银行、文化和旅游部印发《关于金融支持文化和旅游行业恢复发展的通知》,以发挥金融管理部门、文化和旅游行政部门、金融机构各方合力,促进文化和旅游行业恢复发展。2022年10月,国家发展改革委发布《关于进一步完善政策环境加大力度支持民间投资发展的意见》,鼓励因地制宜发展休闲农业和乡村旅游产业,按市场化原则对符合条件的交通运输、餐饮、住宿、旅游行业民间投资项目提供融资担保支持。2022年11月,文化和旅游部办公厅印发《关于进一步优化新冠疫情防控措施科学精准做好文化和旅游行业防控工作的通知》,取消跨省旅游经营活动与风险区实施的联动管理。各地积极推出门票减免、发放红包,鼓励本地人游本地,通过维持一定规模的基础性旅游市场,缓解市场主体营收压力。2022年,旅游业进入疫情以来层级最高、力度最大的政策周期,有力支撑了旅游产业复苏进程。

（四）不稳定、不可预期的出游环境影响游客体验，游客满意度罕见回落

局部地区散发疫情形势多变，各地防控和游客安置政策不统一，对游客出游决策和消费行为造成重大影响，"盲盒式出游"降低了游客体验。2022年7月，游客涌入新疆伊犁，独库公路变"堵哭公路"，民宿一房难求成为社会热点。7月下旬伊犁暴发疫情，游客纷纷提前返程，也出现了少量游客滞留现象。8月初，三亚突发疫情启动全域静态管理，约8万名游客滞留。形成强行终止、退款纠纷、酒店无法入住、隔离期间权益受到损害等问题，严重影响游客对目的地的服务质量感知。年内，河南所辖不少城市对外地客群赋黄码、上海要求来沪返沪人员抵沪不满5天者，不得进入餐饮服务（含酒吧）、购物中心（含百货店）、超市卖场、洗（足）浴、室内健身、歌舞娱乐等公共场所。要求到访者三天两检或三检的地区为数更多，加上航班和高铁无预兆取消，都对游客体验造成负面影响。2021年第四季度至2022年第三季度的全国游客满意度指数为81.14，同比下降1.29%，这是该指数自2016年以来的首次回落。其中旅游投诉质监满意度指数68.27，同比下降4.13%。今年前三季度游客综合满意度分别为81.52、81.02和79.35，第三季度游客满意度从"满意"回落至"基本满意"区间。

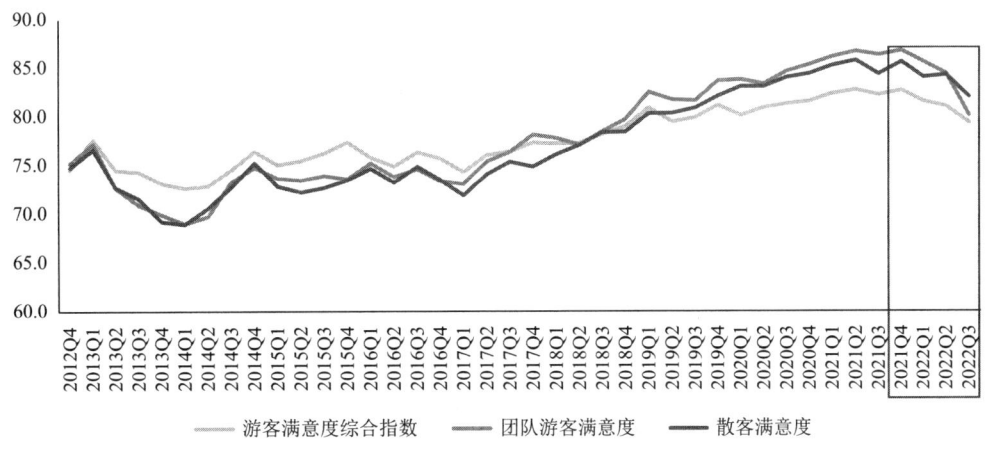

图1-2　2012—2022年3季度国内游客满意度指数（季度）

二、2023年旅游市场预期乐观，全年"稳开高走，持续回暖"，暑期或迎全面复苏

（一）随着社会生活趋于正常和谨慎心理的消散，旅游成为"治愈"和"自愈"的首选

随着疫情防控政策大幅变化，新冠病毒相关宣传口径由前期的毒性仍然较大、后遗症不明，转变为季节性流感。大规模感染之后，民众对病毒的恐惧心态和出游的谨慎心态都将逐渐消散。疫情三年来，一些地方经历了不同时长的区域静默，新疆、上海等地居民长时间封控居家，全国各地居民数年来生活在对疫情的忧虑之中，无法前往心仪目的地放松，内心的疏离感较疫情之前明显增长。国际经验表明，后疫情时代民众心理健康将成为疫情对经济社会影响的重要方面。梁漱溟先生在其《中国文化要义》中指出，中国人常常"向内用力"，西方社会则"向外用力"更多。"向内用力"的国人不喜欢将内心世界外露分享，心理健康问题很少借由心理咨询疗愈，出门旅游体验目的地的景观、文化等各方面的美好，将成为人们修复疫情产生的紧张、焦虑、恐惧等情绪，以及造成的心理问题的优先选择。

（二）市场复苏不是回到过去，疫情对旅游偏好的影响将深刻改变旅游投资方式和供给行为

疫情对旅游的影响逐渐消除，并不意味着重现疫情之前的旅游供需局面。从供给侧来说，疫情迫使多数旅游投资创业机构和市场主体改变传统的投资模式、商业形态、业务板块布局和内控管理策略，更加强调现金流的稳定，加杠杆投资更加谨慎。都市休闲、周边和近程旅游已经成为旅游业高质量发展的市场重心之所在，也是旅游投资特别是空间布局优先考虑的变量因素。游客在行程中更加看重文化内涵和场景体验，文化和旅游深度融合开始从理念和战略层面进一步落实到产品层面。中国旅游研究院12月11日发布的《潮品牌新势力：2022中国旅游创业创新案例》表明：更多市场主体在细分市场上加大了融合创

新的力度，露营经济、近郊度假、社群旅游、旅游+轻体育、时尚餐饮、艺术酒店等，正在用优质的供给创造全新的需求。从需求侧来说，疫情使得人们对游憩空间的诉求更高，错峰旅游、反向旅游更受关注。疫情期间，人们在老地方寻找新玩法，购买的桨板、帐篷、烧烤架、飞盘等不会因为可以远程旅游了就立刻闲置，结成的各类游玩朋友圈还会保持一定的活跃度，甚至会将近程的玩法带到远程。带着桨板到青岛、威海、北海等地海划，相约去新疆、西藏露营看星星等，都将是旅游市场新的消费需求。

（三）旅游市场主体盈利加速修复，旅游就业从流失转为回流

疫情以来，旅游市场主体营收大幅收缩，亏损面不断扩大，负债率不断升高，产业健康发展的基础极大削弱。2022年第三季度末，众信旅游营收2.75亿元，仅为2019年前3季度的2.87%；资产负债率达95.87%，较2019年第三季度末上升了36.18个百分点。黄山旅游2022年前3季度营收6亿元，较2019年前3季度少了51.54%；资产负债率为16.42%，为2019年第三季度末的1.74倍。首旅酒店2022年前3季度营收38.38亿元，仅恢复到2019年同期的61.60%；资产负债率升至58.35%，较2019年第三季度末上升了11.81个百分点。2023年旅游市场加速复苏，旅游市场主体经营绩效将明显好转，业绩增速普遍回正，旅游从业者流失得到根本性逆转。疫情前，云南省约1.2万在岗正规导游，2021年有带团经历的约占5成，其中带团超过10天的不到3成。转行网络直播、快递外卖、网约车、出租车、房产经济等行业的旅游从业者，将随着旅游业复苏进程同步回流。

（四）旅游市场将"稳开高走，持续回暖"，全年预期乐观

世界卫生组织有望在2023年宣布新冠疫情不再构成全球卫生紧急事件。我国有望在2023年2月中下旬度过疫情感染高峰，人们的工作、生活、学习和旅游将逐步不受疫情影响。中央经济工作会议重点强调了扩消费和稳增长的宏观目标，政策环境对旅游业更加有利，课题组对2023年旅游经济预期乐观。旅游业经济属性强、市场化程度高，与人的空间移动和接触式服务密切相关。防控政策调整向旅游市场传导有一个过程，从目前情况看，春节前的居民出游心态

还是谨慎为主，春节假日旅游市场数据可能会达2020年以来的新高，暑期有望形成全面恢复的良性格局。全年旅游市场将现"稳开高走，持续回暖"态势，季度增速有望环比走高。预计2023年，国内旅游人数约45.5亿人次，同比增长73%左右，约恢复至2019年的76%。实现国内旅游收入约4万亿元，同比增长约89%，约恢复至2019年的71%。全年入出境游客人数有望超过9000万人次，同比翻一番，恢复至疫前的31.5%（图1-3）。

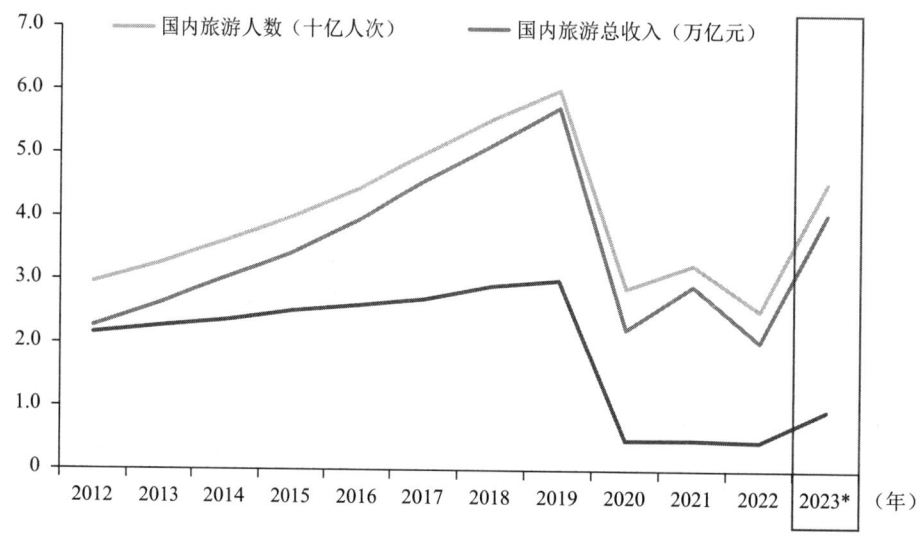

图1-3 2012~2023年旅游市场主要指标趋势

注：带"*"号年份数据为预测值。

三、工作建议

（一）管控预期，释放潜力，稳步扩大旅游消费和市场规模

贯彻中央经济工作会议精神，发挥旅游在扩大内需中的突出作用，做好旅游领域"稳增长、稳就业、稳物价"工作，鼓励各地利用相对积极的财政政策

逆市调控，合理运用优惠、减免、奖补等方法刺激旅游经济复苏增长，推出更多优秀的文艺作品和优质旅游产品，引导游客"治愈"与"自愈"相结合，逐步把旅游意愿和消费预期调整到应有的水平。着力提升城乡居民旅游消费预期，以节假日为节点，持续释放旅游消费潜力。重点抓好春节假日旅游市场供给，特别是冰雪、避寒、民俗、非遗、探亲访友、休闲娱乐、亲子研学、自驾旅游等旅游产品供给，抓住七八月份避暑旅游和研学旅游时间窗口期，争取国内旅游市场进入全面恢复新通道。

（二）提振信心，扩大投资，持续完善旅游基础设施和公共服务体系

中央经济工作会议以后，发改、财政、金融、国资和宣传部门将会围绕中央重点部署的国家重大工程加大建设力度，包括五大国家文化公园、世界级旅游城市、世界级旅游景区和度假区、国家级旅游城市和街区、文化和旅游深度融合，以及世界一流企业等。文化和旅游部门要在规划引领、建设指导和市场宣传方面积极作为、主动发声，切实加强对区域性重点工作的指导，包括但不限于青海国际生态旅游目的地、宁夏贺兰山东麓世界葡萄酒旅游目的地、辽宁东北亚国际旅游目的地、阿尔山国际旅游度假区等。2023年是"十四五"规划承上启下的关键一年，规划目标和相关任务受疫情影响在前两年有所耽搁。要把工作重心放到"1+2+8"规划体系落实上来，根据党中央、国务院最新要求，结合市场发展情况对相关规划内容进行评估调整。

（三）加强对各地的专业指导和市场治理，谨防市场主体抢复苏出乱象

近一年多来，限制流动、限制进入等土规定层出不穷，国内游客满意度有所下降，游客对一些目的地的旅游服务质量颇有微词。受疫情影响，国内旅游供给能力和规模显著收缩，人才流失明显。2023年，尤其是下半年市场开始快速复苏过程中，局部地区、个别业态的供给不能响应需求快速增长，出现供不应求现象。也可能有少数旅游企业和从业者争抢复苏，希望尽快挽回过去三年所受到的损失，盲目大干快上，降低服务质量。一房难求、一票难求、以次充

好、不合理涨价等问题随之发生。要将旅游服务质量作为旅游业高质量发展的重要衡量标准，及时把工作重点由政策托举转换到产业促进中来，根据市场复苏进程，结合客流大数据和基于地图的目的地接待能力数据进行热点城市预判，精准实施旅游市场检查整顿工作，防范市场乱象，修复因疫情管控给游客造成的信心冲击。

（四）保持助企纾困政策的延续性，避免市场主体未复工先失血

旅游市场复苏需要过程，旅游企业经营情况改善有快有慢，不能疫情管控放开了，对旅游企业的帮助扶持就不管不顾了。减税降费、缓缴社保等政策大多截至2022年年底，随着社保基数上涨，需要补缴的社保费用负担陡增。按照目前的政策规定，2023年3月31日后旅行社补缴保证金压力很大。使得2023年很多旅游企业会迎来刚性成本兑付"洪峰"。要适时延长涉旅优惠政策时限，错开政策到期期限，鼓励质保金保险产品研发推广。要转危为机，继续推动《关于金融支持文化和旅游行业恢复发展的通知》《关于进一步完善政策环境加大力度支持民间投资发展的意见》等政策文件落地，解决长期困扰旅游企业间接融资获批难、费率高等难题。

第二章

旅游消费变迁与国内市场演化

受疫情影响，游客近程旅游，在老地方寻找新玩法，在熟悉的环境和熟人社会将旅游融入社交、亲子、研学等多种场景，旅游消费规模和结构都发生了明显变化，国内旅游市场随着疫情散发"低开稳走"，全年处于波动探底行情。

一、旅游消费"总量有收缩、结构有变化"

2022年，新冠疫情各地密集散发，被抑制的旅游消费需求始终得不到充分释放，旅游市场较为低迷，旅游消费在空间上近程化特征明显，省域、市域旅游经济以内循环为主流，游客刚性旅游需求由食、住、行、游、购、娱等特征产业向体育健身、游乐装备等相关产业延伸，旅游消费场景持续拓宽，各地积极推出优惠措施稳住假日旅游经济基本盘。

（一）近程为主，旅游消费在地化特征更加明显

2022年，疫情散发基本贯穿全年，确诊病例人数远超2021年。疫情波动下，各地防控措施趋紧，旅游需求释放不明显，国内旅游人次全年呈现负增长态势。第一季度旅游市场相对乐观，出行需求在春节假期集中释放。第二季度开始，旅游市场呈现明显收缩，且持续影响第三季度暑期旅游需求的释放。2022年全国国内旅游人数约25.3亿人次，同比下降22.1%；实现国内旅游收入约2.04万亿元，同比下降30%。其中，第一季度国内旅游人数为8.3亿人次，同比下降19%；第二季度国内旅游人数为6.25亿人次，同比下降26.2%；第三季度国内旅游人数为6.39亿人次，同比下降21.9%；第四季度国内旅游人数为4.36亿人次，同比下降21.7%。市场整体"低开稳走"（图2-1）。

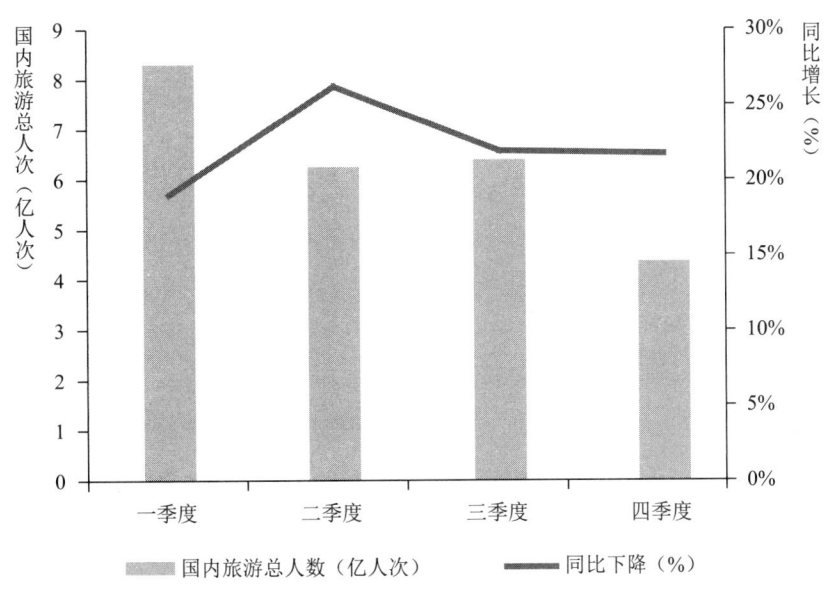

图 2-1　2022 年季度国内旅游接待情况

受疫情影响，2022年国内旅游市场以本地游、周边游、近郊游等近程化出游为主，游客出行呈现"距离短、消费低"的特点。1~8月游客出游半径较去年同期增长1.6个百分点，依然处于低位。防疫政策的区域性小范围收紧导致游客在目的地的游憩半径有所回落，较去年同期收缩0.84个百分点。多旅游需求就近释放，游客单次旅游人均消费下降，使得旅游消费收缩速度大于旅游人次收缩速度。旅游需求在省域、市域内集中释放，旅游消费的人口红利强于资源红利。客源地较相对偏远的资源导向性目的地旅游市场景气更高，都市休闲和近程旅游等"轻旅游、泛休闲"是市场。主流调查数据显示，全年节假日期间，跨省游市场波动收缩，市场活跃度走低；省内跨市游也呈现下滑趋势，仅在国庆节假日略有回升；城市郊区游和市内游从端午节开始明显提升（图2-2）。

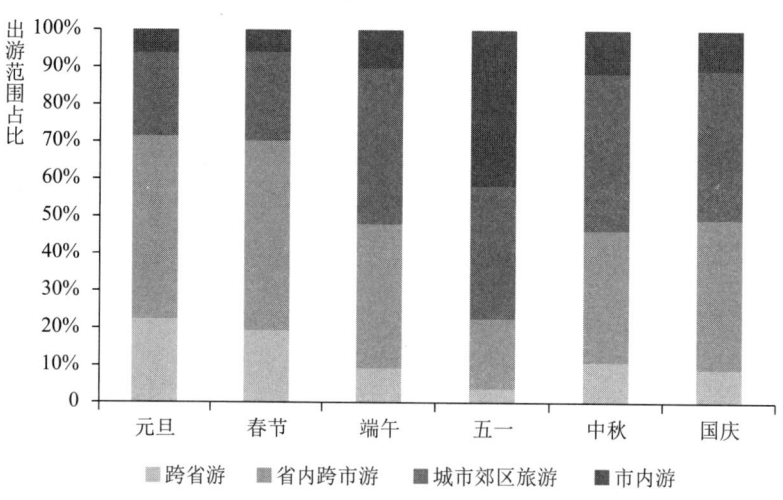

图 2-2　2022 年节假日游客出游范围占比（不含清明节）

（二）去向分散，旅游消费更多流向游憩装备和游乐用品等非传统领域

本地化旅游需求推动旅游消费更多流向旅游相关类产品和附属品，游客行前花费增加，旅游消费的行业边界更加宽泛。调查数据显示，9 成以上游客有行前消费，疫情之前行前消费中食品居多，现在食品仅排第四位。游客活动内容从聚集活动转为开阔区的野餐、露营等，近郊户外、都市休闲的广泛兴起推动旅游消费在更大规模上向休闲娱乐用品倾斜，冲锋衣、桌游、飞盘等装备和游戏用品消费居前。安全性越发成为游客出行考量因素，游客更愿意为安全性更好的旅游产品付费。

随着出行时间的碎片化和相关产业的多元化，旅游消费还呈现出时间上的分散性，品质化、个性化特征也日渐显著。机票、火车随定随走，酒店、门票即走即定，提前 1~3 天预订成为更多游客的选择。旅游市场向高品质休闲度假和低消费近程休闲分化，品质化、个性化趋势在出游方式和酒店的选择上表现尤为明显。中国旅游研究院调研结果显示，中秋节和国庆节期间，选择自驾出行的游客超 50%，自驾出行热度增加带动租车、加油、充电等相关消费增长，推动高速服务站向集餐饮、休憩、娱乐为一体的多功能区转化。出游时间缩短降低游客的在时间尺度上对食宿的投入，却激发游客对品质化的期待。国庆假日期间，选择中、高档酒店的游客占比达65.9%，较2021年国庆节增长12.1%。小而精的城郊特色民宿、休闲度假区、主题乐园酒店等个性化住宿深受亲子、家庭出游游客喜爱。

（三）场景多元，"轻体重文"、社群旅游等内容主导型旅游消费加速兴起

在有限的时间和空间范围内，旅游消费主体持续探索消费场景在结构上的多样性，将目光更多聚焦于内容，为体验买单。"轻体重文"、社群旅游、夜间旅游、冰雪旅游等加速兴起。愉悦身心、增进友谊、具有社交属性的非竞技体育项目备受游客青睐，更加关注产品的文化内涵和嵌入式体验，注重在旅游中丰富精神上的获得感。中国旅游研究院（文化和旅游部数据中心）调查显示，2022年春节期间，39.7%的游客参与了冰雪旅游项目，春节前三天，滑雪门票订单较去年增长33%，滑雪酒店订单量同比增长52%，酒店人均花费同比上涨13%，冰雪、滑雪景区门票订单同比增长近40%。游客消费空间逐渐从景区、景点等传统旅游消费场所向历史文化街区、商圈休闲区、城市公园等公共消费空间的扩展。以休闲为目的的旅游空间和生活空间的加速融合。"闲逛"作为一种看似"消极的无用力量"，推动了城市商业化和消费主义的盛行[①]。城市越来越像一个可以满足一切"闲逛人士"需求的游乐园，城市建筑、公共视觉体验被商品化，"消费社会"与"景观社会"并驾齐驱。大众旅游更加倾向于嵌入日常生活的自发休闲行为，多元化、个性化的需求，把一切有用的、能用的资源，转化成了消费商品，旅游消费边界变得模糊。"旅行＋电竞""旅行＋音乐""旅行＋社交"等细分领域的创新融合正与新时代的年轻人建立紧密的联系，年轻人成为激活旅游消费市场的主力军。

年轻消费群体将社交、互动等元素带入旅游场景，社群旅游的兴起推动旅游消费场景在空间结构上的相互转化。伴随互联网和数字化时代的到来，社群文化逐步实现从线下到线上的渗透，基于私域流量的旅游推广、直播带货、场景营造和服务创新为旅游产业复苏带来新动能。在社群旅游生态里，从远方的

---

① 安东尼·加卢佐.制造消费者：消费主义全球史[M].广东人民出版社，2022.

美景到近郊的美好，海量风景和游客感知被记录，多元文化和旅游内容积聚，社群旅游成为高效获取内容、创新互动场景、促进线下消费的重要渠道。在对社群旅游服务的感知调查中，53.7%的受访者表示社群在人员规模、形式、路线等方面更为灵活，20.4%的受访者表示社群内出游诉求较为一致，22.5%的受访者表示社群互动可以认识更多志同道合的人。人们根据兴趣结伴出游，去阅读城市、去徒步健身、去亲子研学，旅游消费场景越来越多地与文化、体育、教育、医疗结合，推动旅游市场加速分化。

（四）政策托市，政府优惠措施精准激发旅游消费市场活力

旅游逆市调控上财政政策唱主角，减免门票、发放优惠券成为旅游消费市场托底的重要举措。张家界、武夷山、崂山等国家重点A级景区实行阶段性免门票政策，更多景区对在校学生、60岁以上老年人减免门票，拉动旅游消费市场加速回暖。政策千万条，市场第一条。鉴于减税、国有物业减免租金等普惠性政策的可达性有限，各地通过财政支持减免门票、发放优惠、减免高速通行费等，用市场换效益，增加旅游救市的效能。贵州、浙江、云南等多地协同云闪付、微信、支付宝等多平台，针对目标人群精准投放文旅消费券，实现相关商品消费带动率最高达1∶9，充分促进了景区、住宿、餐饮等各要素旅游消费的增长。各地利用节假日积极开展线上线下公益文艺演出，免费开放文化场馆等多项惠民活动。

降低国有重点景区门票价格、地方政府通过财政补贴推动景区门票免费等政策，实现了通过降低旅游消费门槛、优化刚性消费，引导消费结构实现规模增加的目标。疫情的波动变化和居民出行服务的便利化让时间意义上的休闲和空间意义上的旅游边界变得模糊。本地需求的加速释放激发了公共休闲空间的市场价值，景区、景点"门票经济"的打破反向促进了公共产品供给的增加，在优化消费环境、扩大消费需求的同时，也实实在在降低了旅游消费的门槛。将旅游景区转化为主客共享的公共空间，近程旅游消费得到了一定程度的刺激。减免门票政策倒逼景区运营者调整发展思路，将视线转向新业态、新产品的延伸，通过文创产品、休闲项目等多途径增加游客二次消费，吃文创雪糕、逛小吃街、乘游船等新品类旅游项目在带动消费升级的同时丰富了游客旅游体验。

二、国内旅游市场继续探底

2022年，在国内经济增速持续放缓和奥密克戎毒株广泛传播的影响下，国内旅游市场承压加重，市场整体呈现"低开稳走"态势，长线游随长假、暑期波动增长，近程游紧扣假日、周末适游窗口期稳住市场基本盘。随着年底新"二十条"防疫优化措施发布以及北京、广州、上海、成都等地率先调整防疫政策方向，提振了国内市场主体信心，释放了旅游复苏的利好预期，为稳定增长和就业提供了利好条件。

（一）2022年国内旅游市场收缩至疫情以来新低

2022年，城乡居民出游意愿走低，供给端旅游投资减少，常态化出游和假日旅游市场规模进一步收缩，市场消费活力进一步下降。2022年前三季度，国内旅游总人次20.94亿，比上年同期减少5.95亿，同比下降22.1%。国内旅游收入（旅游总消费）1.72万亿元，比上年减少0.65万亿元，同比下降27.2%（见图2-3）。全国人均每次旅游消费821.39元，同比下降6.63%。2022年元

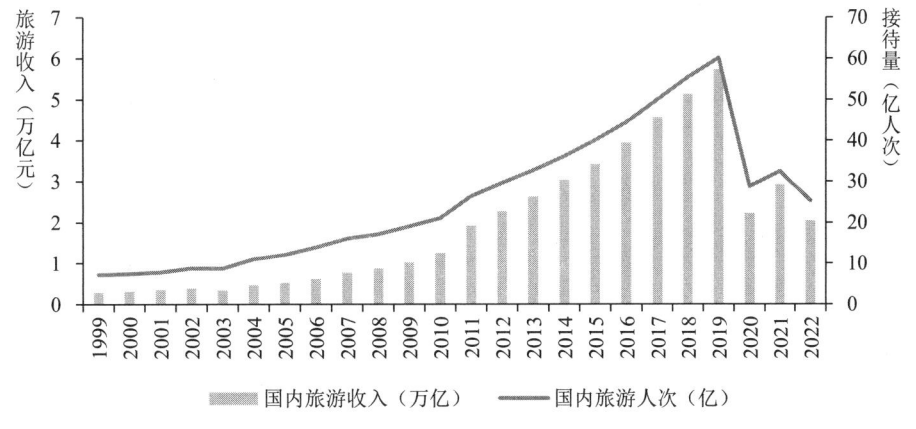

图2-3　1999~2022年国内旅游接待量和收入规模

数据来源：历年《中国旅游统计年鉴》。

旦、春节、清明节、五一节、端午节、中秋节和国庆节，全国国内旅游出游人数同比分别下降 5.3%、2.0%、26.2%、30.2%、10.7%、16.7% 和 18.2%；实现国内旅游收入分别同比减少 6.6%、3.9%、30.9%、42.9%、12.2%、22.8% 和 26.2%。2022 年全国旅游市场规模较 2021 年和 2020 年更小。

（二）旅游市场复苏阻力明显下沉

一线、新一线城市防控精准性更高，二线、三线、四线城市以及农村地区防控口径梯度递增，旅游市场复苏阻力下沉明显。新冠疫情暴发初期被初步研判为类似非典疫情，短时间内可控，疫情防控措施呈现临时性特征，全国疫情防控表现为"上紧下松"。2022 年至今新冠病毒多次变异，病毒毒性、传播力等特性发生较大变化，疫情防控政策转变为"上稳下紧"，地方管理"层层加码""一刀切"时有发生。根据中国旅游研究院（文化和旅游部数据中心）大数据监测，重庆、北京、成都、上海、广州等作为热门旅游目的地，城市旅游景气度高。在精准防控等灵活度较高的防疫政策下，即便上海、广州等地多次暴发奥密克戎大范围传播，刚性需求仍处高位。排名前 30 的目的地和客源地城市名单中，19 个一线和新一线城市有近九成进入目的地和客源地前 30（表 2-1）。全国客源地城市前 50 位的出游人次约占所有地级市出游总量的 44.64%，后 50 位客源地城市仅占出游总量的 2.27%，较 2021 年（2.51%）占比进一步缩小。四线、五线城市旅游市场复苏阻力较一线、新一线更大，本地旅游与休闲等涉旅市场主体生存难度加大。

表 2-1　2022 年 1~10 月市域旅游目的地和客源地排名

排名	目的地	客源地	排名	目的地	客源地
1	重庆市	北京市	16	长春市	合肥市
2	北京市	重庆市	17	石家庄市	沈阳市
3	成都市	上海市	18	哈尔滨市	长春市
4	上海市	成都市	19	南宁市	临沂市
5	广州市	广州市	20	沈阳市	昆明市

续表

排名	目的地	客源地	排名	目的地	客源地
6	武汉市	武汉市	21	苏州市	苏州市
7	西安市	天津市	22	贵阳市	邯郸市
8	郑州市	西安市	23	济南市	南宁市
9	天津市	深圳市	24	临沂市	济南市
10	长沙市	杭州市	25	青岛市	青岛市
11	杭州市	郑州市	26	邯郸市	南阳市
12	南京市	长沙市	27	潍坊市	潍坊市
13	昆明市	石家庄市	28	福州市	徐州市
14	深圳市	哈尔滨市	29	徐州市	贵阳市
15	合肥市	南京市	30	佛山市	福州市

数据来源：中国旅游研究院（文化和旅游部数据中心）旅游市场景气监测与政策仿真平台。

农村居民旅游的需求弹性较大，出游意愿与消费意愿受经济、防疫政策等利空影响相对更大。2022年全年，城镇居民出游19.28亿人次，同比下降17.7%，城镇居民消费1.69万亿元，同比下降28.6%。农村居民出游6.01亿人，同比下降33.5%，农村居民旅游消费0.36万亿元，同比下降35.8%。城镇居民人均每次旅游消费876.56元，同比下降2.52%；农村居民人均每次消费599元，同比下降2.3%（图2-4）。城镇居民出游习惯从长线出游向短线高频转变，出游规模下降幅度小于农村居民。多地村镇对于婚丧活动、农民工返乡过节管理严格，农村居民探亲、吃席、进城娱乐购物等出游行为受到较大限制。

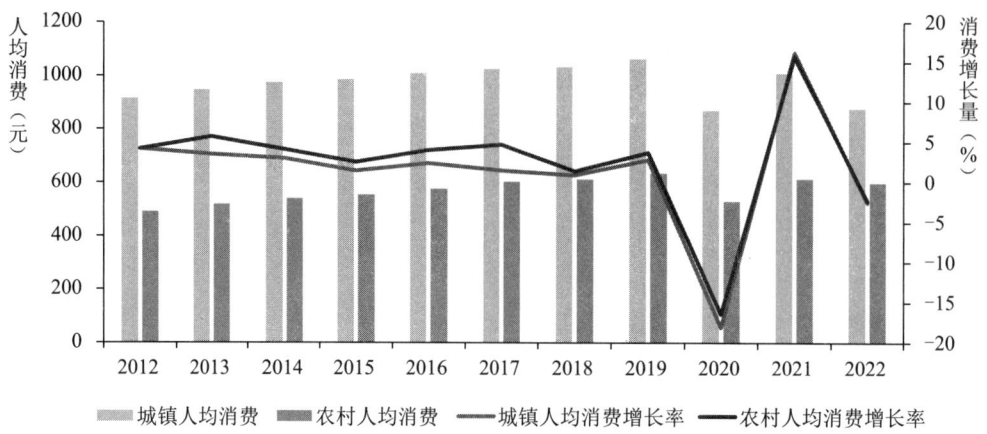

图 2-4　2012—2022 年城镇和农村居民国内旅游人均消费情况

数据来源：历年《中国旅游统计年鉴》。

（三）精准防控降低了疫情对国内旅游市场的冲击程度

精准防控为国内目的地旅游市场恢复扩大了增量空间。疫情发生以来跨省熔断机制给以接待长线游客为主的边境省市旅游市场复苏与发展带来挑战。新冠病毒多次变异，多地散发疫情波及范围和影响程度均被明显放大。随着疫情防控形势变化，2022年5月31日，文化和旅游部发布了第四版《旅行社新冠疫情防控工作指南》，将旅游熔断机制由省域缩小至市区县范围。熔断机制调整后，疫情影响被限定在相对更小的区域，以小范围"静默"尽可能降低对城乡居民旅游和休闲的影响。例如瑞丽疫情不再影响大理和丽江的组团游，北京朝阳区中高风险地区的封控管理不影响东城区居民自驾前往石景山等地区登山露营活动。熔断机制缩小至市区县范围也为市域旅游接待工作提供了更多调整空间。6月开始黑龙江、云南和新疆等边境省份均在暑期迎来一波客流小高峰（图2-5）。从市场发展来看，市域目的地推广工作顺势开展，为城乡居民带来更多出游目的地选择，在OTA、新媒体等推动下，"反向旅游"和部分非传统旅游城市被推向高点，间接促进一批市域目的地的旅游市场建设与发展。从旅游流变化来看，呈现客流流向更趋散点化特征，分散至市域的客流流量一定程度缓解了客流过度向头部旅游城市集中的问题。

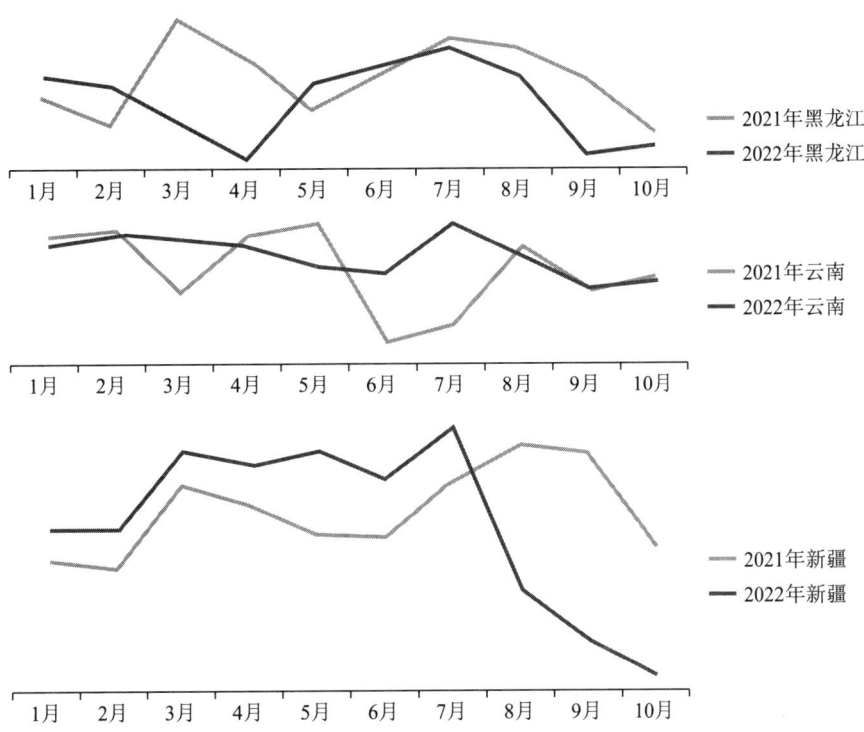

图2-5 黑龙江、云南、新疆2021年和2022年1~10月游客接待量趋势图

数据来源：中国旅游研究院（文化和旅游部数据中心）旅游市场景气监测与政策仿真平台。

（四）旅游需求释放更多向节假日等适游窗口期集中

疫情影响的三年期间，城乡居民平日出游更为谨慎，以学习和工作为重，减少日常非必要出行。节假日期间城乡居民放下学习和工作，市场主体和目的地管理部门宣传营销在节假日前后更加集中。2022年4月，国务院办公厅发布《关于进一步释放消费潜力促进消费持续恢复的意见》提出积极落实带薪休假制度，促进带薪休假与法定节假日、周休日合理分布、均衡配置，完善旅游度假标准体系。假日旅游市场已经成为国内外各界观察我国经济发展的重要风向标。2022年春节、五一节等7个假期全国出游人次预计约占2022年全年的42.35%，旅游收入约占全年的35.23%。游客从众心态和"视网膜效应"推动飞盘、露营、陆冲、"围炉煮茶"、亲子读书会等涵盖社交、运动、休闲、文化的新业态、新产品和新活动在节假日期间成为热点。

节假日和暑期期间长线旅游、度假需求相对旺盛，推动部分节点价格小幅走高。在供需影响下，旅游住宿均价在5、6月（五一节和端午节），7、8月（暑假）以及10月（国庆节），分别迎来小高峰。景区门票价格（不含免票景区）季节性波动较小，在地方惠民优惠券等政策带动下，价格较2021年进一步下降（图2-6）。

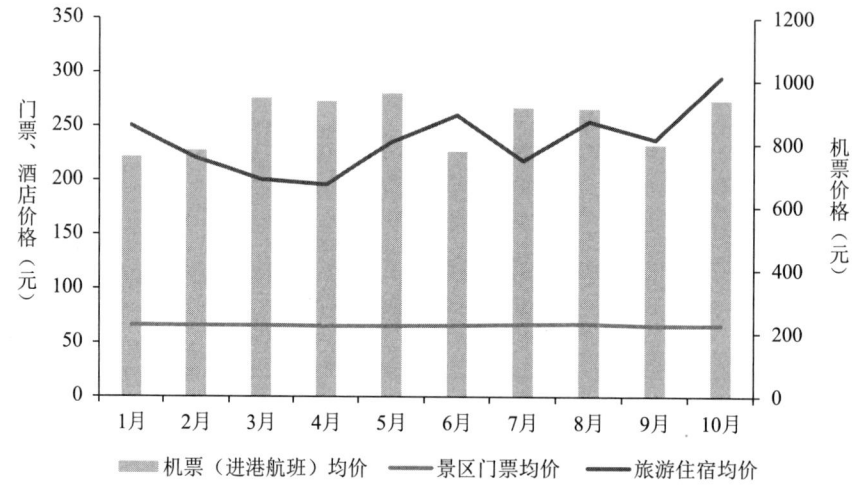

图2-6　2022年1—10月机票、景区门票、酒店价格走势

数据来源：中国旅游研究院（文化和旅游部数据中心）旅游市场景气监测与政策仿真平台。

三、本地人游本地改变区域旅游发展格局

（一）省内游比例超过8成，人口规模之于区域旅游发展的重要性在提升

城乡客源市场呈二元结构，城镇居民仍然是我国国内旅游的主要客源市场。2021年城镇旅游者国内出游23.42亿人次，占比72.15%；农村旅游者国内出游9.04亿人次，仅占27.85%。在城镇居民国内旅游出游率持续提升和人口城镇化

稳步推进的背景下，预计我国城镇旅游者占据国内旅游客源市场主体的特征还将长期持续下去。东部区域占据了一半以上的国内旅游客源市场，是国内旅游的主要客源地和旅游市场营销的重点目标区。综合考虑国内旅游者的出游次数和停留时间等因素，2021年东部区域占据了51.44%的国内旅游客源市场，西部区域、中部区域和东北区域占比分别为24.47%、21.57%和2.52%。多个重点省市具有较强的国内旅游出游能力。2021年，浙江、重庆、广东、江苏、湖南等省市具有最大的国内旅游客源市场规模，上海、重庆、浙江、北京、江苏等省市的居民具有最高的国内旅游出游率。综合考虑出游规模和出游率两个指标，浙江、江苏、重庆、上海、北京等省市是全国最重要的省级旅游客源市场。

国内旅游目的地收入的近四成集中在东部区域。2021年，东部区域国内旅游收入为57344.68亿元，占全国国内旅游收入的38.55%，比2020年有小幅度增加。中部和西部区域国内旅游收入分别为38806.71亿元和44440.64亿元，占全国国内旅游收入的26.09%和29.87%。国内旅游收入最少的为东北区域，为8172.91亿元，仅占全国国内旅游收入的5.49%。西部区域旅游接待人数已接近东部区域。2021年，东部和西部区域的国内旅游接待人数分别为39.86亿人次和39.44亿人次，西部区域未来有望在旅游接待人数上再次赶超东部区域。中部区域国内旅游接待人数为37.59亿人次。东北区域的国内旅游接待人数最少，仅为7.12亿人次。东北区域受疫情影响严重且近两年恢复速度较慢，与其他三大旅游目的地的差距有进一步拉大的风险。东部区域旅游人均消费具有显著优势。2021年，东部区域国内旅游人均消费最高，达到1438.81元。其次是东北和西部区域，国内旅游人均消费分别为1148.44元和1126.71元。而国内旅游人均消费最少的是中部区域，仅为1032.23元，说明在旅游产业体系、旅游服务质量等方面与东部区域还有较大差距。

省内旅游客流占据了国内旅游客流主体，国内旅游呈现出显著的本地化、近程化特征。根据中国旅游研究院调查，2022年上半年近程的省内旅游客流占到了全部国内旅游客流的81.24%，而远程的省际旅游客流仅占18.76%。省际旅游客流主要表现为相邻省份间互为客源地和目的地，国内旅游客流随距离增加而衰减特征明显。在全国100条最重要的省际旅游客流中，有81条省际旅游客流为相邻省份之间的旅游流动，仅有19条旅游客流为非相邻省份之间的旅游流动。2022年上半年，全国省际旅游客流流出量居前10位的省份从多到少分别为河南省、广东省、山东省、河北省、四川省、江苏省、浙江省、安徽省、贵州省、江西省。全国省际旅游客流接待量居前10位的省份从多到少分别为江苏省、广东省、河北省、浙江省、四川省、安徽省、湖南省、山东省、河南省、湖北省。

（二）本地休闲与近程旅游之间的边界越来越模糊

疫情以来，高频次的本地休闲成为刚性需求，越来越多的人开始选择欣赏身边的美丽风景、感受日常的美好生活。据《中国休闲发展年度报告2022》，城乡居民用于休闲的时间开始超过照看老人/孩子、陪孩子学习、家务劳动、看病就医等无偿劳动所花费的时间，休闲成为继生理活动、工作（有偿劳动或学习）之后的首要选择。人民群众的休闲权利意识日渐彰显。城乡居民每日休闲时间平均为3.89~5.66小时，占全天时间的比重为16.21%~23.58%。

与疫情前相比，城乡居民休闲时间大幅提升，周末休闲日趋常态化。2022年，城镇居民工作日、周末、节假日休闲时间较疫情前2019年均出现不同程度增长：周末增幅最大，成为城镇居民休闲重要时段，节假日次之，日均休闲时间分别增加1.36小时、0.85小时。从全年来看，2022年城镇和农村居民的总休闲时长分别为1522.4小时和1511.1小时，比疫情前2019年分别增加289.3小时和365小时。城乡居民近程化休闲趋势日益明显。近距离的出行、高频次的休闲，已成为疫情以来国民旅游休闲的显著特征。2022年，有86.19%的城镇居民、91.64%的农村居民、88.37%的退休人员选择在距家3公里范围内进行休闲活动。在出行距离缩短的同时，休闲频次明显提升，消费场景趋于多元。社区花园、城市绿道、城市公园、郊野公园、森林公园、国家公园等一切有风景的开阔开放空间，游乐场、餐馆、酒吧、咖啡馆、购物中心、旅游休闲街区、夜间消费集聚区、酒店与民宿等商业环境，还有图书馆、文化馆、博物馆、美术馆、电影院、艺术中心、音乐厅和戏剧场等公共文化空间，都成为城乡居民重要的旅游休闲活动空间。

（三）旅游休闲城市和休闲街区建设成为区域旅游发展的重要引擎

全面建设小康社会以后，以中国梦为代表的、人民群众的美好生活方式成为国内旅游重要的供给要素，历史文化街区、旅游休闲街区、旅游度假区、城市的生活品质成为吸引游客到访的重要元素。越来越多的游客喜欢感知当地文化、体验当地生活方式。于是，以满足人民群众美好生活需要为根本出发点，具有高品质生活环境、现代化商业接待体系和便利化公共服务的旅游休闲城市和休闲街区所构成的旅游休闲供给体系规划建设成为地方旅游发力的重要方向，也必将成为未来目的地竞争的主要领域。目前，文化和旅游部、国家发展改革委已公布首批54家国家级旅游休闲街区，推动优化旅游休闲产品和服务供给，以充分满足游客和当地居民的旅游休闲需要。随着国家级旅游休闲城市和街区建设的持续推进，越来越多的旅游休闲街区将成为城市的名片与象征，通过承载商业、旅游、文化休闲等功能，直接反映城市的旅游经济活力与文化环境氛围。在国家政策推动、地方发展需要和市场需求导向等多重加持下，诸多城市如北京、重庆、深圳、苏州、武汉、三亚等发布了文化和旅游发展规划、文化产业发展规划，促进文化和旅游消费升级，打造消费中心城市，推动城市旅游进入了规划引领和标准建设新阶段。

第三章

港澳台旅游交流合作

2020年至今,港澳台地区的旅游业发展遭受了疫情的严重冲击,受到国内和国际疫情管控政策与开放政策影响,内地赴港澳和大陆赴台的旅游活动依然低迷。在严峻形势下,各方依然拉手不放手、联系不断线,采取多种方式同舟共济、共渡难关,各项政策持续推进港澳台交流与合作,为疫情后的旅游市场恢复与发展创造了条件。

一、疫情对港澳台旅游发展的影响并没有因为防控政策变化显著消除

(一)内地赴港旅游市场低迷延缓香港旅游业回暖进程

访港旅游市场进入"人数少、增速高"的回暖阶段。香港地区入境市场较2021年总体上有所提升,截至2022年9月,访港旅游人次同期相比增加295.7%。香港地区入境市场逐渐开始增长,访港游客为24.9万人次,内地访港游客约占80%,内地访港人次同比增长率为636.7%。

受疫情影响,香港旅游业受到严重冲击,当年访港旅客人次2018年达到峰值6515万人次,截至2022年9月,与2021年同期相比增加295.7%,达到24.9万人次(图3-1)。在2022年1~9月香港地区前十大客源市场(内地市场除外)分别是中国台湾、美国、菲律宾、英国、泰国、加拿大、新加坡、印度、澳大利亚、马来西亚(图3-2)。访客多集中在第三季度。

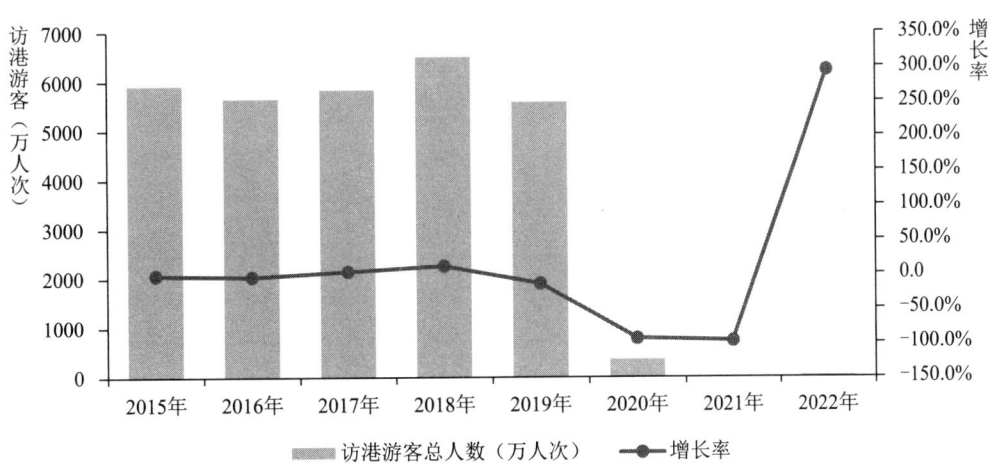

图 3-1　2015~2022 年访港游客数量变化情况

数据来源：香港特区旅游发展局网站。

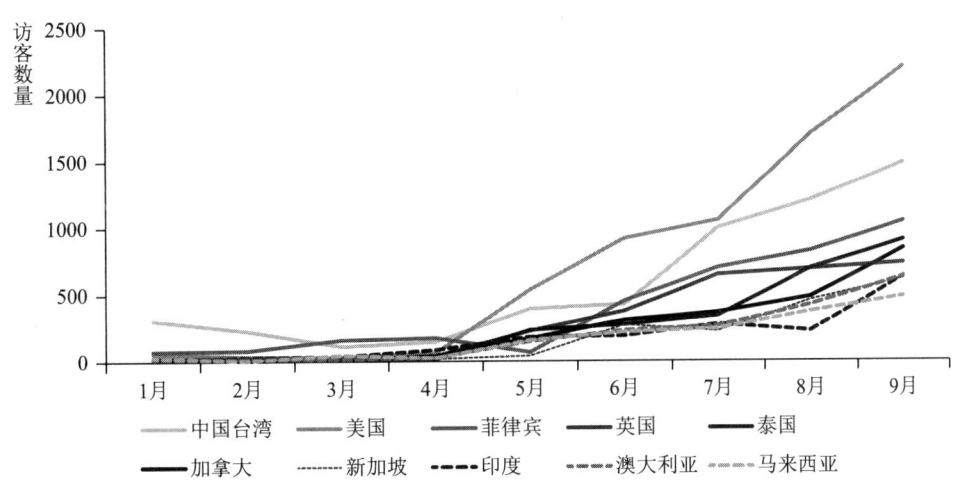

图 3-2　2022 年 1~9 月香港前十大客源市场访客数

注：内地市场除外

数据来源：香港特区旅游发展局网站。

内地赴港旅游市场仍然低迷，但下半年有改善。2022 年 1~9 月，香港地区入境市场内地游客增长较为缓慢，下半年有所提升。内地是香港入境市场主体，2022 年内地游客在所有访港旅客中的占比达 80% 以上。2022 年 1~9 月，香港地区入境市场访港游客为 24.9 万人次，其中内地访港游客约占 80%，为 20.1 万人次，2022年的7月、8月和9月访港总人次同比增长率为正（图3-3）。

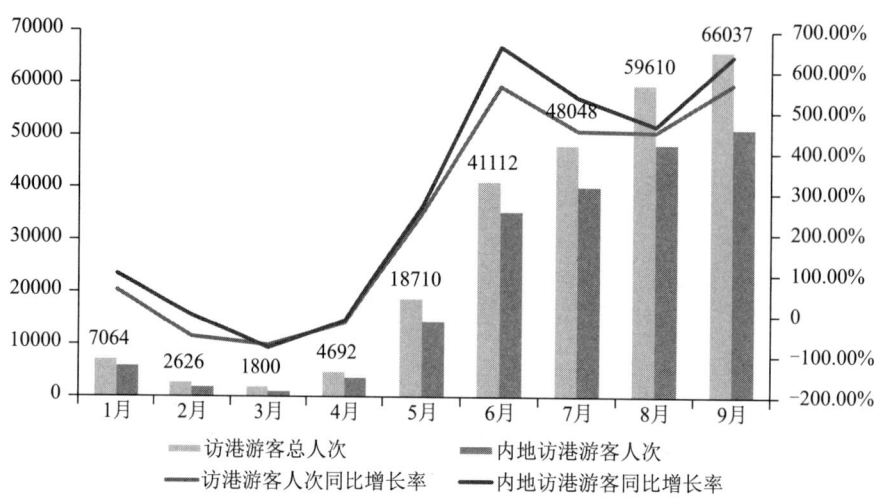

图3-3 2022年香港旅游访客人数变化（1~9月）

数据来源：香港特区旅游发展局网站。

受疫情防控政策影响，香港入境短途休闲旅游领先回升。截至2022年9月，香港短途旅游当年游客数达到2.3万人次，较2021年同比增长187.2%，2022年短途旅游人数由前一年的8020人次上升到2.3万人次。香港短途旅游市场呈稳步增长态势，第一季度相较于2021年增长有所放缓，2022年5月起同比增长率急速上升，其中8月同比增长率为461.50%（见图3-4）。

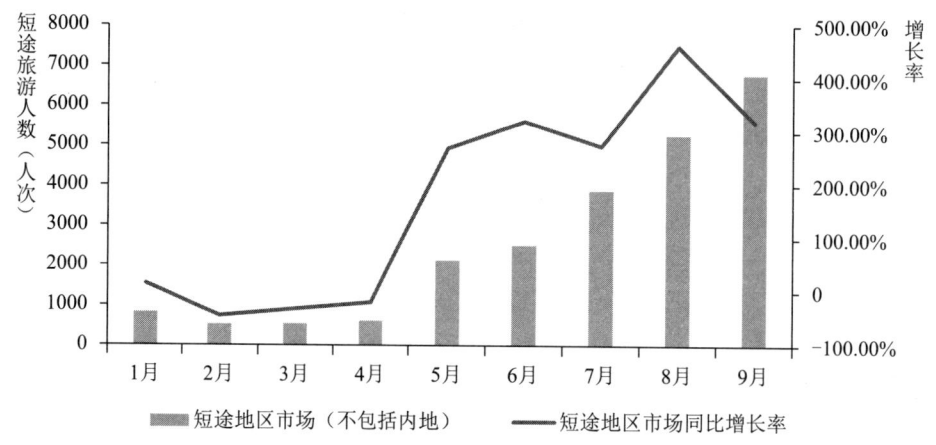

图3-4 2022年香港短途旅游市场人数及增长率变化（1~9月）

数据来源：香港特区旅游发展局网站。

（二）内地市场为澳门旅游业复苏凝聚强劲动能

内地市场的主导作用进一步凸显。2022年1~9月澳门入境旅客达到436万人，与2021年相比下降24.2%；其中访澳内地旅客占访澳旅客总数的比重为90.1%，2022年1~9月访澳内地旅客同比下跌25.0%，仅为393万人次。香港及台湾地区的访澳旅客分别为3.82万和0.47万人次，与内地游客相比依旧差距比较明显，与2021年同比下降16.7%和14.6%。

2022年澳门旅游市场同比收缩，但已显复苏趋势。2015~2019年，澳门入境旅客连续4年正增长，从3071.5万人次逐年增长至3940.6万人次。2020年，在疫情冲击下，澳门入境旅客人数下降85%，仅为589.6万人次。2021年澳门入境旅客到达575.5万人，截至2022年9月访澳人数达到436.4万人，相比2021年同期下降了24.2%，内地游客数量下降了25%（图3-5）。进入2022第三季度以来，逐月回暖态势明显。10月入境旅客环比上升4.0%至58.0万人次，较2021年同期上升76.8%，当中99.2%均是来自大陆的访澳旅客。10月的留宿旅客（313542人次）及不过夜旅客（266791人次）同比去年分别上升181.4%及23%。

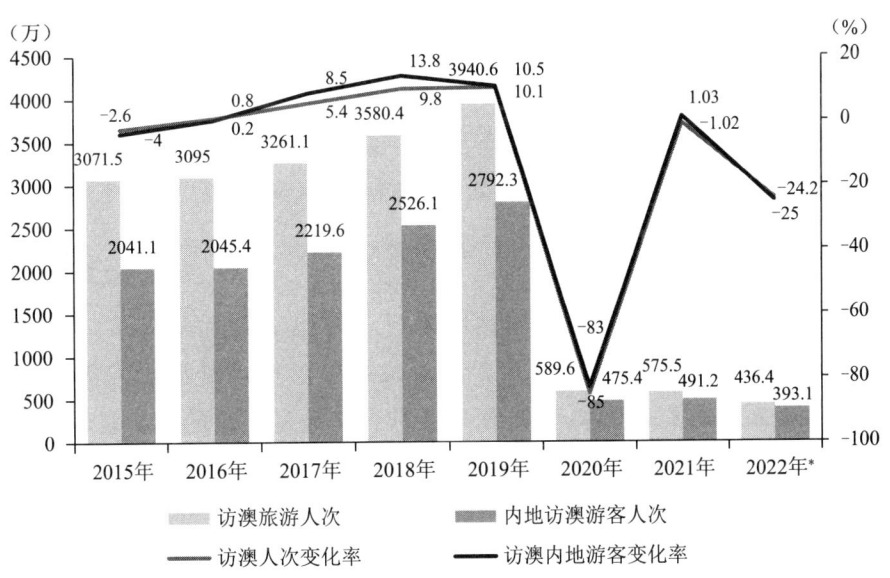

图3-5　2015—2022年访澳游客数量变化情况

数据来源：澳门特区旅游发展局网站。

* 数据为2022年1~9月。

2022年第一季度，澳门入境游客人数和内地旅游人数呈现正增长，较2021年增长8%，为187.7万人次。第二季度和第三季度，受疫情影响出现反复。第二季度较上年同期相比下降11.8%，为158.8万人次，第三季度下跌24.2%，为89.9万人次（图3-6）。2022年1~9月澳门入境旅客达到436.4万人次，与2021年相比下降24.2%。其中，内地旅客占访澳旅客总数的比重为90.1%，2022年1~9月访澳内地旅客同比下跌25.0%，共393.0万人次，香港及台湾地区的访澳旅客分别为3.82万和0.47万人次，与内地游客相比依旧差距比较明显，但与2021年同比下降16.7%和14.6%。

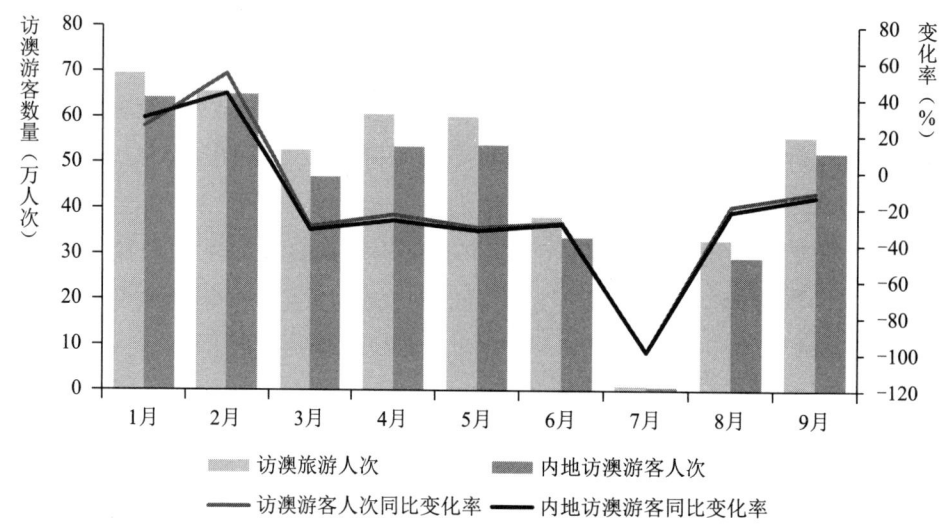

图3-6 2022年1~9月访澳游客数量变化情况

数据来源：澳门特区旅游发展局网站。

2022年，港台两地赴澳旅游总体减少。香港赴澳旅客2022年1—9月与2021年同比下降16.7%，为38.2万人次；台湾地区赴澳门旅客同比下降14.6%，为4.7万人次。总体上看2022年港台两地赴澳旅游人次呈现减少趋势（表3-1）。

表3-1　2022年1~9月港台入境澳门旅客人次及增长率

地区 月份	香港		台湾	
	入境旅客人次	入境旅客增长率（%）	入境旅客人次	入境旅客增长率（%）
1月	44380	-11.9	7896	-22.7
2月	41409	3.4	4742	-26.0
3月	52862	-10.3	4867	-32.2
4月	65418	15.3	6415	-9.5
5月	56670	-11.8	5497	-13.6
6月	38895	-25.6	5148	22.2
7月	497	-99.2	1877	-67.6
8月	36205	0	4384	27.0
9月	46719	12.2	4813	37.4
当前总计	382515	-16.7	47441	-14.6

资料来源：澳门特区旅游局网站。

澳门特区政府利用财政政策逆市调控旅游市场发展的力度加大。2022年，澳门出台系列措施促进经济复苏，全力多方位扩客源促消费。积极铺开线上线下宣传工作，向旅客推广澳门安全宜游的形象，全力多方位扩大客源，促进澳门经济及旅游业复苏。通过电商项目带动旅客消费，澳门旅游局持续全方位在各官方线上平台，包括微信、微博、抖音和小红书等渠道，推出最新系列短视频及贴文宣传，并与航空公司、电商平台及线上旅行社加强合作，加推酒店五折券和机票"买一送一Plus"优惠，展示澳门优质旅游产品，吸引旅客来澳旅游，刺激旅游消费，延长留澳时间。活动在各大电商平台反应踊跃。2020年至2022年10月31日，酒店五折券带动订单金额超过人民币10亿元，线下消费券带动消费达人民币11亿元，杠杆近23倍。配合澳门特别行政区政府扩客源的工作，旅游局联同多个单位合作，启动系列宣传"感受澳门乐无限"月月精彩活动，整合串联特色活动和节庆，每月推出游澳主题，展现澳门多项精彩旅游元素，向旅客宣传盛事之都的魅力，提振旅游经济。与此同时，旅游局有序开展在粤港澳大湾区和外省城市的线下旅游推广，包括与多个政府部门和企业商会携手举办品牌活动"澳门周",宣传澳门"旅游+"元素及安全宜游,成效显著;活动广受内地居民和旅客的热烈欢迎,六站"澳门周"活动共吸引接近271万人次进场,各宣传渠道曝光量逾54亿次。

澳门特区行政长官贺一诚在《2022年财政年度施政报告》中表示,要通过丰富世界旅游休闲中心内涵,推动澳门综合旅游休闲产业提质发展,加大力度发展会展商贸和文化体育等产业,培育新的经济增长点,促进旅游娱乐业依法规范有序健康发展,深化"旅游+"跨界融合,促进旅游服务业复苏。澳门旅游局2022年陆续推出多项活动,在1月举办"第二十一届澳门城市艺穗节";在4月举办"第三十二届澳门艺术节"和醉龙节;在9月举办"第十届澳门国际旅游(产业)博览会"和"第三十四届澳门国际音乐节",同期举办世界旅游日庆祝活动。澳门特区政府统计暨普查局数据显示:2022年第一季度澳门共举办97项会展活动,按年增加29项,与会人数上升1.2倍至16.5万人次。第一季度会议有76项,按年增加15项,但与会者减少6.3%至6157人次;展览同比增加7~14项,全由非政府机构举办,入场观众上升19.8%至15.8万人次,另外,7项奖励活动的参与者共1540人次。

特别是从2022年11月7日开始,前往澳门的智能签注设备恢复使用。内地居民可使用智能签注设备,自主申办赴澳门个人旅游签注和团队旅游签注,无须提交纸质申请材料。"四省一市"恢复赴澳旅行团工作进展顺利,更为出境旅游的复苏带来现实的可能性。澳门特区旅游局信息显示,2022年国庆假期,澳门旅游景点、消费场所游客增加明显,总体情况优于预期。其中访问澳门的内地旅客16.3万人次,日均2.6万人次,与2022年9月相比,日均旅客上升32.8%。10月1日入境旅客超过37000人次。酒店业场所的平均入住率为66.7%,较2022年9月上升28.1%。

(三)台湾旅游业受疫情重压持续低迷

台湾旅游业受疫情重压低速发展。2015~2019年,台湾入境游客总人次从1043万攀升至1186万,年均增长率约为3.3%,较为稳定。但受疫情冲击影响,这种发展态势已荡然无存(图3-7)。与2019年1186.4万人次的访台旅客数量相比,2020年赴台游客仅137.7万人次,减少了88%,进入2021年,情况依然没有好转,赴台游客仅14.5万人次,2022年访台游客相较2021年总体上升,截至2022年9月入台游客达到32.7万人,较2021年同比增长218.23%。

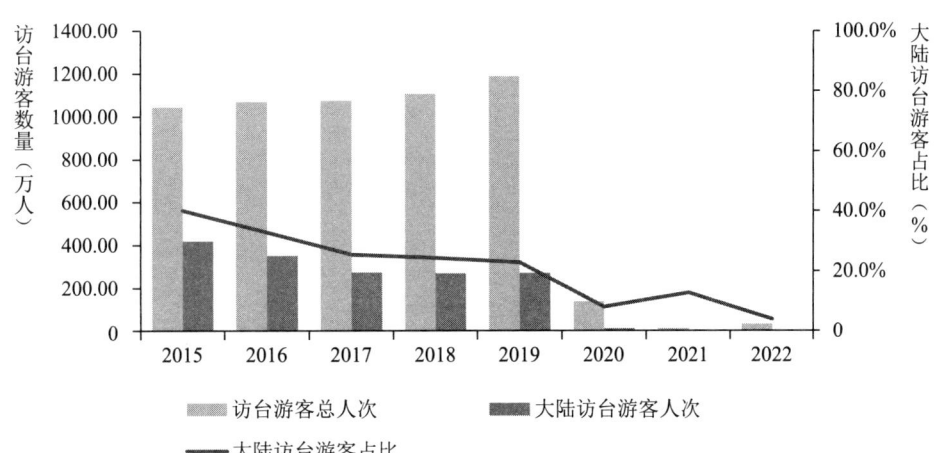

图 3-7　2015—2022 年访台游客数量变化情况及大陆游客占比

数据来源:台湾地区"观光局"网站。

大陆赴台旅游市场远未恢复。2015~2022年,大陆访台旅客人次占台湾入境旅客总人次的比重逐年下降,新冠疫情暴发前,已从2015年的占比40.1%跌至2019年的占比22.9%;大陆访台旅客人次也从2015年的418万人次回落,2017~2019年稳定在每年270万人次左右。新冠疫情暴发后,大陆赴台旅游市场几乎完全停滞,2020年大陆访台旅客为11.1万人次,占入境台湾旅客的比重仅为8.1%,2022年相较2021年同比下降24.2%。

境外赴台旅游市场规模逐渐扩大。2022年1~9月访台游客上升至32.7万人,相比2021年同期同比增长218.23%。但第一季度相较2021年下降14.8%,访台游客仅为3.92万人次。第二季度台湾地区通过开展多项展会活动,吸引游客入台,达到10.06万人次,同比增长221.24%,第三季度增长更为明显,达到18.76万人次,同比增长629.88%。2022年1~9月,台湾前十大客源市场的规模逐渐扩大,第二季度和第三季度逐渐攀升,其中越南和马来西亚入台游客人次上升幅度最大(图3-8)。

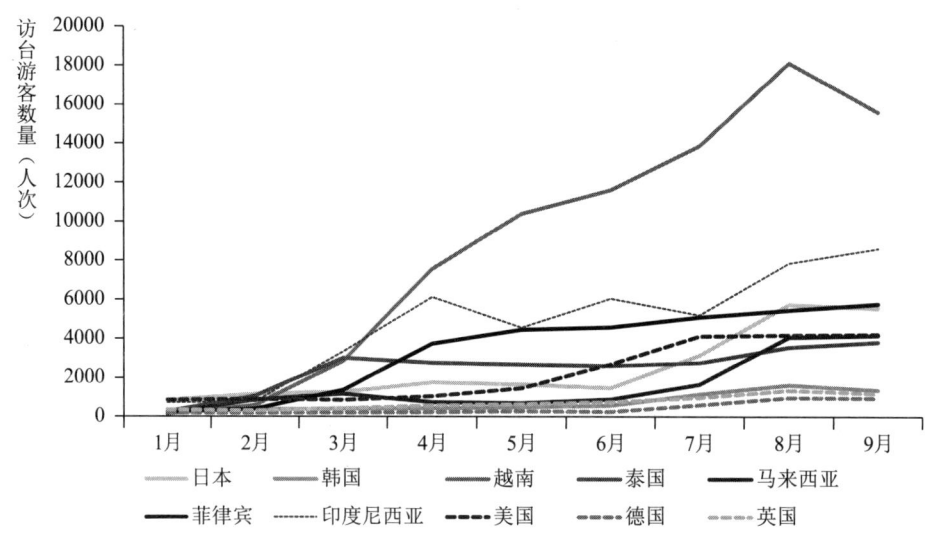

图3-8 2022年1—9月台湾前十大客源市场访客人数

数据来源：台湾地区"观光局"网站。

二、大湾区一体化提高内地与港澳旅游发展的协同性

大湾区由初步建设向高质量一体化建设推进，港澳作为大湾区重要经济增长极，是大湾区一体化发展重要的突破点与联动点。后疫情趋势下，大湾区公共基础设施一体化建设为区域旅游产业链建设与产业体系建构带来新机遇，大湾区旅游业深度协同与融合发展进程加速，有望形成优势互补的发展格局。

（一）前瞻性顶层设计和更有力的政策衔接推动了粤港澳大湾区文化和旅游协同发展

为贯彻落实《粤港澳大湾区发展规划纲要》，深化粤港澳大湾区在文化和旅游领域合作，共建人文湾区和休闲湾区，2020年12月24日，文化和旅游部、粤港澳大湾区建设领导小组办公室、广东省人民政府联合印发《粤港澳大湾区文化和旅游发展规划》（以下简称《规划》）。2022年9月14日，《规划》2022

年实施推进会在线举行。会议总结了《规划》出台以来实施情况，发布了2021年《规划》实施情况调研报告，指出粤、港、澳三地密切配合，机制运转顺畅，政策落地有效，项目扎实推进，在深化粤港澳大湾区文化和旅游交流合作，统筹推进粤港澳大湾区文化和旅游协调发展等领域不断取得新突破。同时就下一步工作提出要求，明确粤港澳三地要加强顶层设计，打造粤港澳大湾区文化和旅游品牌，推进世界级旅游目的地建设；要加强大湾区各城市文化和旅游领域政策协调和规划衔接，促进粤港澳大湾区文化和旅游协同发展；要传承弘扬中华优秀传统文化，讲好当代中国故事，不断提升中华文化传播力感染力；要深化粤港澳青少年文化艺术交流和游学活动，加强人才培养，努力推动粤港澳大湾区世界级旅游目的地和宜居宜业宜游的优质生活圈建设。

（二）一体化规划为大湾区文化和旅游合作创造良好条件

推动大湾区旅游资源与旅游产品深入融合与整体化发展，推出大湾区旅游精品线路，联合举办文体旅游活动，共同拓展旅游客源市场，打造粤港澳大湾区文体旅游消费品牌，促进大湾区文化与旅游服务更加紧密结合，推进建设人文湾区和休闲湾区，打造粤港澳大湾区世界级旅游目的地。2021年9月，中共中央、国务院印发《横琴粤澳深度合作区建设总体方案》与《全面深化前海深港现代服务业合作区改革开放方案》，加上粤港澳大湾区内基建日趋互联互通，大幅缩短了区域内交通互通互达时间。广东省文化和旅游厅于2021年11月发布《广东省文化和旅游发展"十四五"规划》。《规划》提出，以规则衔接、机制对接为重点，支持横琴粤澳深度合作区、前海深港现代服务业合作区等重大合作平台建设，推进粤港澳文化和旅游交流合作，携手港澳打造粤港澳大湾区世界级旅游目的地。广州于2021年10月发布《广州市文化和旅游发展"十四五"规划》，指出通过建设大湾区共建共享文化和旅游合作平台、创建大湾区岭南文化交流传播平台、推动大湾区文化产业协同创新发展、构建大湾区全域旅游协作共赢机制等，共建"人文湾区"与"休闲湾区"，增强湾区协同力。深圳于2022年2月发布《深圳市文体旅游发展"十四五"规划》，明确要创新与港澳旅游合作协调机制，联手打造一批粤港澳大湾区高品质旅游线路，增强粤港澳大湾区核心引擎作用，促进"大湾区文化圈"建设，加强深港、深澳文化合作，丰富"一带一路"文化交流，建设成为向世界传播中国形象、中国声音、中国理念的国际文化交流中心。

（三）大湾区建设推动内地与港澳旅游市场一体化向旅游产业一体化升级

通过大湾区一体化发展，使港澳实质性地纵深融入珠三角，与广东珠三角9城同台演绎精彩故事，关系更加紧密的大湾区11城也在逐渐向大同城、紧密都市群方向迈进。大湾区内的人口、资金、产业等经济要素逐步实现常态化流动与共享，旅游资源也在逐步打破行政边界，实施开放式整合并布局全新线路。

2022年6月30日，招商维京游轮推出的暑期新航线"5日滨海双城之旅（深圳—厦门—深圳）"首个航次正式启航，开启了跨越广东、福建两省的全新"微度假"海上之旅。目前，在湾区内开通的海上微度假航线就涵盖港珠澳大桥、深圳湾、前海湾和环桂山岛、穿港珠澳大桥等多条航线。2022年8月，广东国际旅游产业博览会吸引了全球30余个国家和地区线上线下参展，国内多个省（区、市）的文化和旅游行政管理部门、头部企业及涉旅科技企业，围绕科技赋能、"非遗"文创、乡村振兴等，集中展示文旅融合新趋势、新业态和新成果。外国驻穗机构代表，中国香港、中国澳门特别行政区官方旅游机构代表均到场参观。2022年9月，澳门通过举办第十届"澳门国际旅游（产业）博览会"，加强琴澳深度合作，深化双方产业对接和开发更多旅游产品；澳门旅游局在2022年启动"感受澳门乐无限"大湾区巡回路展，以大篷车作招徕，已先后在珠海和中山举行，推广澳门优惠旅游产品，并将继续走访更多大湾区城市，挖掘客源。

大湾区作为国内发达地区拥有腾讯等互联网领军企业，大湾区的旅游业也正在快速进入由互联网导入的智慧时代，资源、产品、游客量、旅游活动等基础数据都进入大数据统计范畴。目前大湾区各市通过移动互联网实现旅游预订的游客量占总预订数的80%以上，线上线下旅游企业开始紧密互动，创建O2O互联网全新平台，旅游业正在构建日益强大的智能化管理平台、网络和模式。智慧旅游模式将极大地提升旅游业的运营效率和综合效益，大湾区将借力物联网、大数据及人工智能构建国内最强大的智慧旅游带。2022年8月，由广东省交通运输厅指导的以"科技创新赋能交通发展"为主题的2022粤港澳大湾区（广州）智慧交通产业博览会在广州广交会展馆成功举办。本届博览会得到芬兰国家商务促进局、中国交通运输协会、中国交通企业管理协会、中国公路建设行业协会、中国城市公共交通协会等 70 余家行业社团组织共同支持。

2022 年 6 月 30 日，习近平主席乘专列抵达高铁香港西九龙站，广深港高铁作为内地与香港跨境基础设施建设的重大合作项目，是"一国两制"的生动实践和重要成果；线路全长 141 公里，其中内地段 115 公里、香港段 26 公里。实施"一地两检"通关模式，无论从香港到内地还是从内地不同地方前往香港，只需在香港西九龙站一次性接受查验，就可以完成两地的出入境通关查验手续，通关时间缩短至 10 分钟左右；2022 年 6 月 20 日，京广高铁北京至武汉段常态化按时速 350 公里高标运营，北京西至香港西九龙最快旅行时间压缩至 8 小时 31 分钟。据统计，全线开通运营以来，乘坐广深港高铁列车出入境人数分别为 1209.5 万人次、1253.9 万人次，广深港高铁的开通与运营为大湾区旅游业带来新机遇，为游客带来新的出游体验。

三、多线联动彰显两岸旅游交流合作韧性

尽管承受着台湾政治形势多变的冲击，但依托文化、社会、经济、血脉等难以割舍的联系，大陆与台湾地区的旅游交流合作依然在艰难推进。

（一）"线上+线下"联动，推进两岸文化和旅游融合交流

党的十八大以来，对台工作和两岸关系进入了新的发展阶段。两岸民间交流的最大平台海峡论坛已经连续举办了 14 届，两岸城市交流的重要平台"上海—台北城市论坛"连续举办了 13 届，两岸科技、教育、医疗卫生、体育、宗教和民间信仰、工会、妇女等各领域各界别的交流广泛开展，每年举办数百场的台湾青少年夏（冬）令营、研习营，以及海峡青年节、海峡青年论坛等大型交流活动，吸引数以万计的台湾青少年参与。在大陆台胞也都积极参与助力扶贫攻坚、乡村振兴及支教义诊、赈灾助困、抗击疫情等志愿服务。推进数字化升级，不断拓展交流与推广新空间，创新交流合作模式，充分运用 5G、直播、VR/AR、大数据等现代信息技术手段，鼓励开展线上旅游推介会和线上媒体宣传，探索线上线下同步互动、有机融合的办展新模式。这些交流与沟通维护了

行业的士气，维持了旅游话题的热度，稳固了未来两岸旅游交流合作的信心。

（二）"五缘+五线"联动，强化两岸文化和旅游产品创新

福建与台湾一水相连，具有"地缘近、血缘亲、文缘深、商缘广、法缘久"的特殊渊源关系。近年来，随着构建社会主义和谐社会的提出，文化发展越来越受到全社会的重视。当今时代，文化越来越成为民族凝聚力和创造力的重要源泉，越来越成为综合国力竞争的重要因素，更需要"弘扬中华文化，建设中华民族共有精神家园"。正是文化这一神奇的纽带，产生了巨大的向心力和凝聚力，把情牵故土的海内外华夏子孙渴望神州一统、中华振兴的心紧紧地连接在一起。推动闽台民俗文化研究与保护不仅是对历史的尊重，更具有现实意义。

2022年，福建积极制定惠台利民政策配套措施，出台了探索海峡两岸融合发展新路的一系列先行先试政策举措，有关政策措施正在稳步推进落实中。福建与台湾地缘相近、人缘相亲，多年来形成经贸合作不断扩大、产业合作持续深化、社会交往渐趋频密、乡情亲情日益增进的良好态势。台胞在闽享受同等待遇相关政策全面、持续推进，闽台各领域交流合作不断深化。2022年1月在北京举行的2022年对台工作会议也提出，支持福建探索海峡两岸融合发展新路、建设海峡两岸融合发展示范区。加强大陆旅游的软硬件设施建设，不断丰富旅游的内容，并形成不同的主题旅游。

（三）稳定两岸交流基本盘，开创文化和旅游合作新局面

两岸旅游交流合作的基调一直保持稳定，在"以通促融、以惠促融、以情促融"指引下深化两岸交流融合，共议民族复兴大计、推动落实同等待遇和助力台胞防疫。这意味着同台湾同胞分享发展机遇的政策不会变，为台湾同胞办实事做好事的举措不会变，包括旅游交流合作在内的两岸交流融合进程不可阻挡，这些都已经成为两岸旅游交流合作的强劲动能。

海关总署2022年10月24日公布的最新统计数据显示，2022年前三季度，大陆与台湾进出口贸易额同比增长3.2%。数据显示，2022年1—9月，两岸贸易额为2460亿美元。其中，大陆从台湾进口1829.2亿美元，同比增长0.8%；大陆向台湾出口630.8亿美元，同比增长10.6%。两岸经贸与投资的持续稳定增

长意味着相互间需要有更多的人员交流往来，这不仅稳固了两岸人员交流的基本盘，还为未来的旅游交流合作提供了新动能，更为两岸奠定合作打造文化和旅游产业全域化的新局面。

四、变局中拓展港澳台旅游交流合作新格局

内地（大陆）和港澳台旅游合作与交流的发展，面临疫情后的恢复、联动发展的方式变革、产业培育的重点突破等新变局。推进港澳台旅游发展，深耕优化政策供给、强化业态培育、突出重点突破等领域，拓展内地（大陆）与港澳台联动的新发展格局。一是因地施策，积极探索与港澳台地区安全交流合作的可行性方案。二是区域联动，探索文化和旅游交流合作新模式。合作推出"一程多站"主题旅游产品，粤港澳大湾区可以就区域整体进行旅游规划、开发与宣传推广，福建、台湾可以就闽台整体联合打造并推广，整体优化区域间旅游市场供给，丰富特色文化和旅游产品，打造精品旅游路线，建设高品质文化和旅游发展集聚区和特色旅游带，构建旅游市场联合监管协作机制，搭建旅游产业联动平台，各城市旅游主管部门保持紧密联系，提升旅游服务品质。三是开展针对性促销和产品开发，对接疫后旅游新需求。疫情的影响让旅行方式发生了根本性的改变，近距离的出行、高频次的休闲、多场景的消费，成为疫情以来节假日旅游市场的显著特征，人们对于旅行的需求也逐渐从简单的"抵达"走向"体验"。比起过去以"观光"为主的旅行产品，越来越多人更愿意为高品质的"体验型"产品买单。加强与客源市场的电商及网媒的合作，探究旅客的外游趋势，结合香港、澳门和台湾各地自身特色与优势，对研学旅游、海岛旅游、邮轮旅游、美食旅游等特色旅游产品进行针对性研发与宣传，打造港澳台高端精品旅游产品与特色旅游线路，构建文化历史、休闲度假、养生保健、文化创意、邮轮游艇等多元旅游产品体系。

第四章

全球视野中的入出境旅游市场

随着中央层面的政策储备、压力测试和精准防控经验的累积，特别是联防联控机制 11 月 11 日"新二十条"的发布，我国入出境旅游市场有望迎来稳步复苏和稳步回暖的窗口期。海外旅游目的地和国内旅游业界开始加大宣传推广、产品研发和人力资源召回力度。文化和旅游部门宜加强市场调研和政策设计，并有效引导行业为重启入出境旅游市场做好准备。

一、世界旅游业恢复步伐加快

（一）国际旅游市场加速反弹

国际旅游业恢复步伐加快，呈现出加速反弹趋势。根据联合国世界旅游组织数据。伴随疫苗接种率的上升、跨境协调和协议的增加，以及更宽松的旅行限制，2021 年国际旅游业较慢恢复，与 2019 年疫前水平相比差距依然较大。UNWTO 公布的数据[①]显示（图 4-1），2021 年全球共接待国际游客约 4.5 亿人次，同比增长 9%，但仍比 2019 年疫前水平低 70%。2021 年全球国际旅游收入约为 6210 亿美元，同比增长 7%，但仍比 2019 年低 58%。与 2021 年年初的疲软相比，国际旅游业在 2021 年下半年温和反弹，与 2020 年同期相比，2021 年第三季度和第四季度的国际游客接待人次分别增长了 64% 和 165%。

---

① 为 UNWTO 调整后的数据。https://www.unwto.org/tourism-data/global-and-regional-tourism-performance.

第四章 全球视野中的入出境旅游市场
Chapter 4 Inbound and Outbound Tourism Market in a Global Perspective

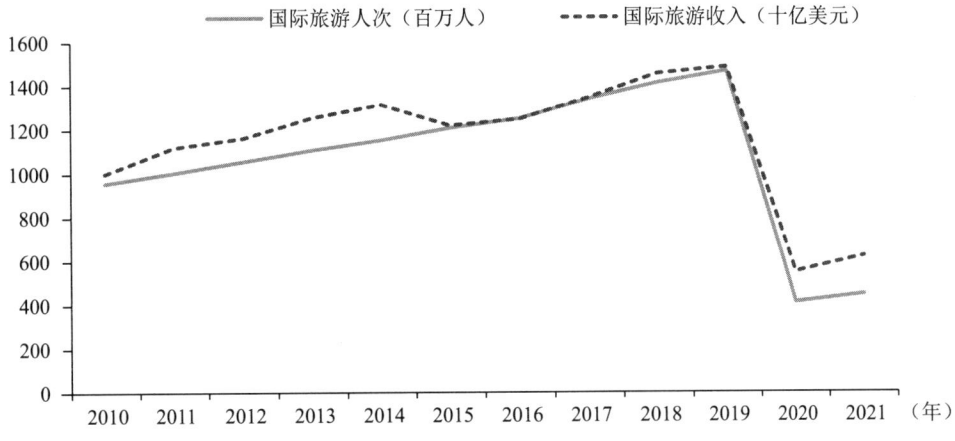

图 4-1 2010~2021 年全球国际旅游人次和收入变动趋势

数据来源：联合国世界旅游组织。

2021 年各地区的恢复情况并不平衡。欧洲和美洲的恢复迹象最为明显，亚太地区依然处于低谷。欧洲和美洲国际游客接待规模与 2020 年相比分别增长了 25% 和 18%，但仍然比 2019 年疫前水平分别低 59% 和 63%。中东和非洲地区同样在 2021 年有所恢复，与 2020 年相比分别增长了 8% 和 1%，但仍比 2019 年分别低 71% 和 72%。亚太地区的国际旅游形势依然严峻，2021 年的国际游客接待规模与 2020 年相比下降 65%，与 2019 年相比下降 94%（图 4-2）。

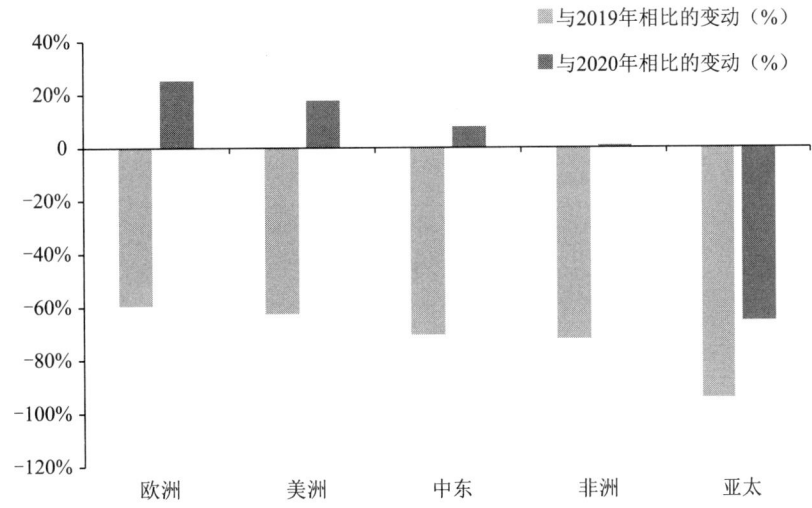

图 4-2 2021 年各地区国际旅游人次恢复情况

数据来源：联合国世界旅游组织。

在更多国家或地区取消或进一步放宽国际旅行限制的政策利好下，被压抑的国际旅行需求得到有效释放。2022年1~9月，全球共接待国际游客约7亿人次，与2021年同期相比增长133%，国际旅游业恢复至疫前水平的62%。2022年第三季度的旅游业表现特别强劲，全世界估计有3.4亿国际游客，几乎占9个月总数的50%（图4-3）。

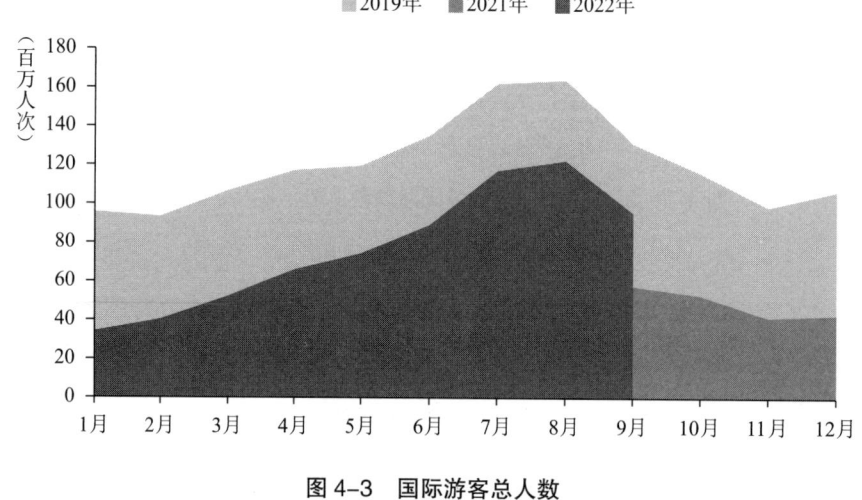

图4-3 国际游客总人数

数据来源：联合国世界旅游组织（UNWTO）。

世界旅游组织数据显示，2022年的全球国际旅游收入将达到1.2万亿~1.3万亿美元，同比增长60%~70%，恢复至2019年疫情前水平的70%~80%。2022年1—9月，阿尔巴尼亚、埃塞俄比亚、洪都拉斯、安道尔、波多黎各、多米尼加、哥伦比亚、萨尔瓦多和冰岛的入境旅游人数超过2019年新冠疫情大流行之前的水平，实现逆势增长。

旅游收入方面，2022年1~9月，塞尔维亚、罗马尼亚、土耳其、拉脱维亚、葡萄牙、巴基斯坦、墨西哥、摩洛哥和法国的国际旅游收入显著增加。其中，法国的表现尤为突出，恢复至2019年国际旅游收入水平的92%。同时，德国、比利时、意大利、美国、卡塔尔、印度和沙特阿拉伯的国际旅游收入恢复水平也同样位于前列。

（二）各国旅游业恢复速度快慢不一

受经济发展水平和新冠疫情影响等多方的限制，各区域旅游发展恢复速度明显不同。根据联合国世界旅游组织统计数据显示，2022年1~9月，欧洲、美洲、亚太、中东和非洲五大区域板块的国际旅游业都出现了不同程度的反弹。与2021年相比，中东和非洲地区的恢复步伐明显加快。从恢复情况来看，欧洲和中东地区的恢复力度最强，分别恢复至疫前水平的81%和71%。美洲和非洲的国际游客接待人次分别恢复至疫前水平的63%和66%。亚太地区的恢复进程相对较慢，只恢复至疫情前的17%，但2020~2021年的下滑趋势得以扭转。

新冠疫情之前，亚太地区的国际游客接待人次增速基本保持在5%以上，在五大区域中处于领先地位。然而，受新冠疫情影响，国际旅游业的竞争态势骤然改变，亚太地区的旅游经济增速出现较明显的下滑，且与其他地区相比恢复较慢。欧洲、中东地区恢复最快。欧洲和中东地区在2022年1~9月的复苏最快，入境人数分别达到2019年水平的81%和77%（图4-4）。该地区在6月（比2019年下降21%）和7月（同比下滑16%）表现特别强劲，反映了夏季旅游旺季的火热。由于多数旅行地取消了旅行限制，推动旅游业的快速复苏。其中，7月欧洲接待入境游客人数恢复至2019年同期的91%左右。同时，2022年1~9月，受沙特阿拉伯在麦加朝圣后公布的利好推动，中东的国际游客人数较2021年同比增长287%，7月的入境人数在2019年疫情前水平的基础上增加3%。美洲和非洲恢复速度次之，亚太地区恢复最慢。与2021年相比，美洲和非洲在2022年1~9月也呈现出强劲增长，分别达到2019年水平的66%和63%。亚太因部分地区仍然执行非必要不出境措施，入境人数虽在2022年前9个月增加了一倍以上，但仍比2019年的水平低84%，仅恢复至2019年国际游客到达数量13%的水平。

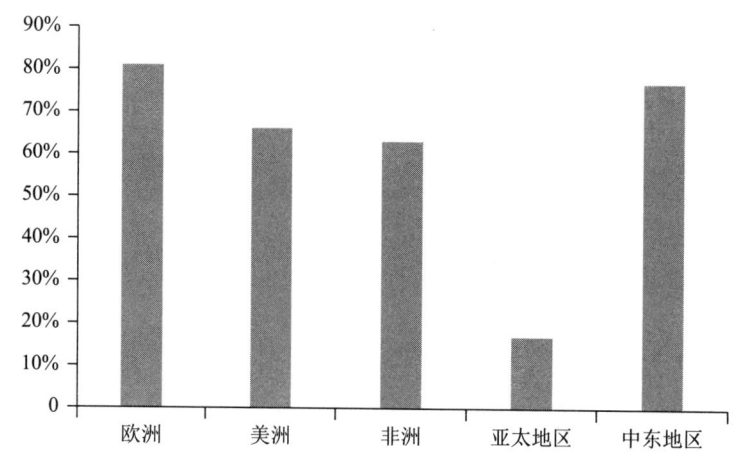

图 4-4　2022 年 1~9 月国际游客到达数量恢复水平的占比（较 2019 年同期）

资料来源：联合国世界旅游组织（UNWTO）。

新冠疫情之前，亚太地区的国际游客接待人次增速基本保持在 5% 以上，在五大区域中处于领先地位。然而，受新冠疫情影响，国际旅游业的竞争态势骤然改变，亚太地区的旅游经济增速出现较明显的下滑，且与其他地区相比恢复速度较慢。亚太地区在 2022 年 1~9 月，国际游客接待人次与 2021 年同期相比增长 230%。虽然亚太地区这一国际游客接待规模仍比 2019 年同期低 83%，但也意味着过去两年的下滑态势结束，2022 年，亚太地区的国际旅游经济将开启扭转向上、稳步恢复的新局面。

（三）2023 年国际旅游市场恢复继续提速

UNWTO 预计，2022 年，国际游客可能会恢复到疫情前水平的 65%。尽管越来越多的挑战表明未来几个月的复苏速度将放缓，但 2022 年旅游业的出口收入可能会达到 1.2 万亿~1.3 万亿美元，比 2021 年增长 60%~70%，恢复到 2019 年的 70%~80%。

根据 2022 年 9 月的调查，UNWTO 旅游专家小组对 2022 年 9~12 月的前景持谨慎乐观态度，近一半（47%）的专家认为 2022 年 9~12 月期间的发展前景更好，约四分之一（24%）的专家预计不会有特别的变化，约三成（28%）的专家认为情况可能会变差。专家对 2023 年和 2024 年的发展预期较为乐观。大多数（61%）的专家认为国际旅游可能在2024年恢复至2019年疫情前的水平，约三成（27%）的专家则表示在2023年就可以恢复至疫前水平。国际旅游业的实际恢复情况主要受不确定经济环境的影响，包括通货膨胀率上升和油价飙升，以及俄乌冲突的加剧等。

联合国世界旅游组织信心指数也表现出对未来的信心。信心指数经历了2020年探底之后有明显回升，在2022年的前8个月达到峰值，后4个月稍有回落。由此，有理由对2022年年末以及2023年年初的国际旅游恢复持更为乐观的态度，2023年国际旅游的恢复速度将明显提升。

二、我国入境旅游市场将进入快速复苏通道

（一）商务旅行成为入境旅游恢复的基础支撑

2021年，我国入境游客接待规模继续下行。这与亚太地区的整体形势一致。2021年，北京、上海和广东作为我国入境旅游的主要口岸地区，入境游客接待规模均出现不同程度的下滑，全国接待入境旅游者2638.02万人次，同比减少3.96%。2022年预计全国接待入境旅游者2500万人次，同比下降约5%（图4-5）。

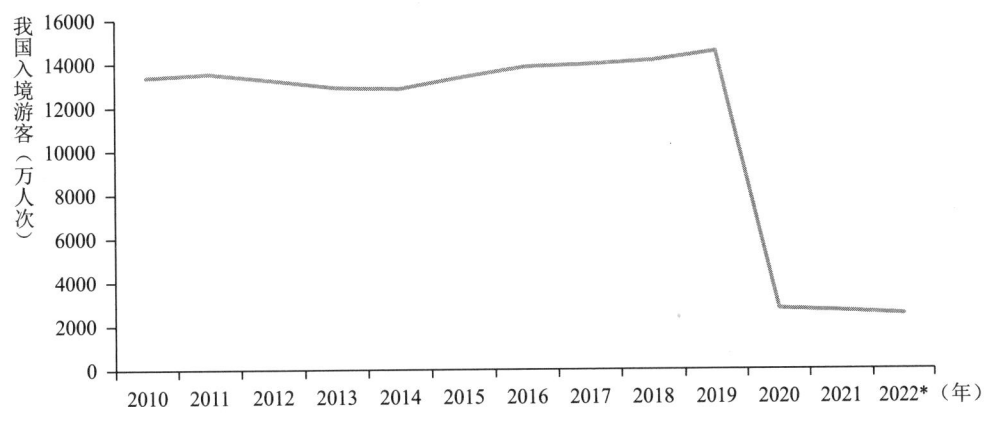

图4-5　2010~2021年我国入境游客接待情况

数据来源：中国旅游研究院（文化和旅游部数据中心）。

疫情背景下，更加频繁的国际经贸往来和国际资本流通促成更多必要的来华商务旅行。国民经济和社会发展统计公报显示，2020年，我国全年货物进出口额逆势保持小幅增长，2021年迎来超过20%的大幅增长。同期，我国实际使用外商直接投资金额保持类似增幅，我国全行业对外直接投资保持稳步增长[①][②]。我国与其他经济体之间更加密切的货物和资金往来一定程度上促进了经贸、科技、物流等人员必要的来华商务旅行。需求更具刚性的商务旅行持续是支撑我国入境旅游的基础市场。已有统计数据显示，过去两年里，港澳台地区依然是我国首要的入境客源市场。在国际贸易和投资规模不断扩大的背景下，与我国经贸往来最为密切的国家也是最主要的入境客源市场，典型如日本、韩国、美国、德国、新加坡、俄罗斯、英国等。这几个国家作为我国最主要的贸易合作伙伴，2021年的统计数据显示，他们与我国的进出口货物贸易总额占总量的比重超过三分之一。他们也是对华直接投资最主要的来源国。据统计，2021年，新加坡、韩国、日本、美国和英国均在对华实际投资金额前十的榜单之中[③]。

（二）2023年成为我国入境旅游触底反弹的分水岭

我国基于疫情形势的变化、病毒变异株的特点以及前期的试点研究，结合防控工作的经验教训，持续调整疫情防控方案。根据2022年6月底发布的《新型冠状病毒肺炎防控方案（第九版）》，入境非"四类"人员的隔离管控时间由之前的"14天隔离医学观察+7天居家健康监测"缩短为"7天集中隔离医学观察+3天居家健康监测"。与此同时，根据国务院联防联控机制部署，中国民用航空局从8月初开始对国际定期客运航班的熔断规定再次进行调整[④]，到11月直接取消了这种熔断机制，有效保障了国际航班的稳定、较快恢复。继2020年3月暂停外国人持有效来华签证和居留许可入境以来，我国根据国内外疫情形势，

---

① 中国政府网，金额达1329亿美元，增长3.3% 2020年对外投资实现正增长，2021，http：//www.gov.cn/xinwen/2021-01/22/content_5581771.htm。

② 中国政府网，2021年我国对外投资超9300亿元，2022，http：//www.gov.cn/xinwen/2022-01/20/content_5669524.htm。

③ 央视网，《中国外资统计公报2022》发布 中国实际使用外资规模仍在稳定增长，2022，https：//news.cctv.com/2022/09/11/ARTIirX8nrz2U6YBFneu76Dm220911.shtml。

④ 对确诊旅客人数达到5例的航空公司单一入境航班，当确诊旅客占比达到该航班入境旅客人数4%时，暂停运行1周；当确诊旅客占比达到该航班入境旅客人数8%时，暂停运行2周。

多次调整入境签证政策,从允许符合要求的澳门居民免隔离进入内地,到允许持三类(中国工作类、私人事务类和团聚类)居留许可的外籍人士入境,再到2022年最新的入境签证政策。2022年6月以来,根据我国多个驻境外使领馆发布的消息,我国放松了来华工作、商务、探亲、留学等人员的签证申请条件。自北京时间2022年8月24日起,我国允许持有效亚太经济合作组织(APEC)商务旅行卡和中国学习类居留许可的外籍公民入境,并逐步恢复留学生签证申请。

在相关政策的刺激下潜在来华旅游需求明显回升。谷歌搜索的数据显示,2022年,境外对来华航班和住宿的搜索量较2021年同期有明显的回升,2022年6月以来,受利好政策刺激,海外对来华航班和住宿的搜索量显著上升。预计2022年将成为入境旅游市场触底的最后一年,我国入境旅游有望在2023年出现较显著的恢复。

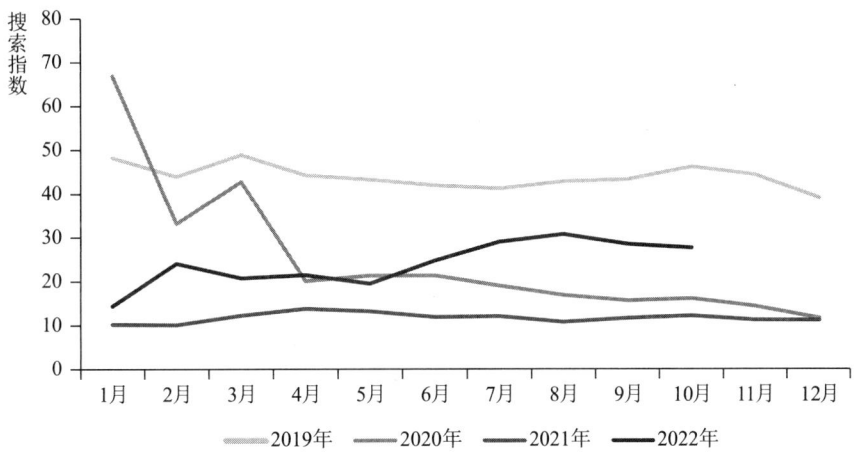

图 4-6　2019~2022 年(1~10 月)海外民众对来华航班和酒店的月均日搜索指数

数据来源:谷歌旅行洞察 Travel Insights with Google。

(三)有序恢复入境团队旅游业务

入境旅游管理、营销和研究部门需继续探索入境旅游市场有序恢复的可能方案和路径。优先关注与商务旅行密切相关的客源地和客源市场,持续推进商务旅游市场的恢复。各级政府部门需继续与客源市场保持密切联系,做好对外旅游推广工作，对内针对行业生态重建，推动市场主体数字化转型。

1. 围绕"一带一路"和 RCEP 合作框架便利来华商务旅行

商务旅行将是近期及未来一段时间促进入境旅游市场恢复的主力支撑。未来，可在恢复 APEC 商务旅行卡签证的基础上，基于我国贸易和投资的主要合作伙伴，如"一带一路"沿线国家和 RCEP 成员经济体，便利来华商务旅行，进一步简化商务签证手续，如采取线上提交申请材料、缩短审批时间等。

边境旅行作为边境地区商贸往来的重要通道，推动其逐步恢复将直接促进我国边境地区的贸易往来。政府部门正在为未来恢复边境旅游提供政策储备。2022 年 9 月，文化和旅游部会同外交部、公安部、海关总署和移民局五部门研究起草了《边境旅游管理办法（修订征求意见稿）》，提出要放宽边境游审批限制，明确边境旅游团队可以灵活选择出入境口岸等。在这一政策基础上，未来可选择试点，逐步恢复边境旅游。

2. 试点恢复入境团队旅游

2022 年，伴随更多国家或地区纷纷取消与疫情相关的所有入境限制，全球入境旅游恢复步伐加快。在我国入境旅游签证恢复之前的这段时期里，我国在国际旅游市场上的形象，在区域及全球旅游竞争格局中的地位或将受到影响。短期内，周边旅游目的地国家的入境旅游恢复形势将好于我国，甚至对我国入境旅游形成一定替代。对此，要顺应疫情防控政策调整，考虑到入境团队游客的旅行线路为事先规划，游览轨迹容易追踪，可优先考虑逐步放开入境团队旅游，允许其居民组团到访我国特定的旅游目的地省份，试点放开澳门居民组团到访内地部分省份旅游。

3. 通过传递奖赏讲好中国故事

要及时挖掘类似的正面案例和百姓生活，以"小切口"呈现"大场景"、构建"大宣传"，时尚化、立体化、多视角地展示我国形象，传递中国文化的世界意义和现代价值。通过图像、动画、短视频等全球通用的视听语言开展传播，采用故事化的表述方式，增强叙述内容的人情味和趣味性，向国际受众传递来华旅游可以获得的奖赏，增强来华旅游预期。加强和国外媒体的沟通合作，让海外主流媒体报道中国美景，让外国友好人士讲述中国文化，让在华外籍人士分享中国生活。在海外社交媒体主动设置来华旅游话题，加强和国外受众尤其是年轻族群的互动交流，引导我国网民和海外华人华侨以积极、健康的方式共同参与。充分发挥地方政府、文旅部门以及相关企业的主观能动性，形成营销宣传矩阵，合力提高国际传播效能。从区域空间视角对入境旅游市场进行细分，紧扣各细分市场的文化特点和消费习惯，依托海外中国文化中心和驻外旅游办事处、孔子学院和孔子课堂、中资企业，针对不同的客源地讲述不同的故事，持续推进一国（区）一策。

4. 增加对入境旅游市场主体数字化转型的支持和帮扶

人们生产生活的时间和空间被疫情随机分割，人民生活、企业生产、社区治理、沟通交流、贸易往来等在疫情的影响下都在加速数字化转型。伴随数字化浪潮的席卷而来，数字化转型不再是企业面临的选择题，而是必修课。对于包括入境旅游在内的旅游企业而言，使用数字化工具可以更有效地吸引潜在游客群体，尤其是青年人群体，还能提高企业运营效率和资源配置效率。但对于入境旅游企业而言，尤其是在市场主体中占绝大多数的中小微企业，数字化转型存在资金短缺、内生动力不足、技术能力不够等方面的挑战，还需行业主管部门、行业协会进一步给予支持和帮扶。

2022年文化和旅游部公布了一批数字化创新实践案例，取得了较好的示范效应。未来可以通过专项项目的形式，为入境旅游企业数字化转型提供更加全面的帮扶。如韩国文化体育观光部和韩国观光公社设计了一个名为"旅游行业数字转型支持项目"（Digital Transformation Support Project for Travel Sector），在2022年遴选了140家中小旅行社加入该项目，给予2000万~5000万韩元的资金支持，在数字客户管理、数字产品开发、在线营销等方面提供持续性的专家指导。通过绩效考核的旅行社不仅在2023年会继续得到项目支持，还将获得额外奖励。

三、信心渐增的中国出境旅游市场

（一）出境旅游市场主体转行国内游"活下去"

在出境旅游难以成行的现实条件下，原有的出境旅游需求往往转向国内长线旅游或近距离周边游，旅游目的地多为围绕京津冀、长三角和珠三角的华北、华东和华南区域，为出境旅游市场主体的内转探索提供了机会。利用对出境游客需求的深度把握和服务经验，整合内外旅游资源，提供满意的服务，成为出境旅游市场主体的行动方向。出境回流的潜在市场为出境企业"内拓"发展带来机遇。从目的地角度观察，从事出境旅游业务的企业擅长经营组团游和提供高端定制旅游服务。从靠近客源地、风险较为可控、便利化程度较高等方面考虑，华北、华东和华南区域具有较大优势。从游客期望角度观察，在不能出境，选择替代产品和服务的过程中，往往会将目光转向境内旅游资源独特、风光优美的高品质度假旅游产品。

在疫情防控常态化形势下，原出境旅游市场主体的"内转"探索集中在免税综合服务、国内休闲度假产品、高端小众定制产品等方向，在境内休闲度假、短程旅游和本地休闲、下沉市场消费升级、休闲农业和乡村旅游、虚拟旅游和沉浸式演出等文化、科技和旅游融合发展等领域都有突出表现。中国旅游集团积极开拓离岛免税业务，深挖免税市场潜力。离岛免税销售额快速成长，免税业务国际排名保持全球第一的地位，其打造的cdf海口国际免税城，是目前全球最大的单体免税店。于2022年10月28日在海南省海口市正式开业，聚集了800多个国际国内知名品牌，包括25个海南免税店首进品牌以及78个海南离岛免税中免集团独家品牌，吸引了大量消费者。携程依据对出境旅游客源特征的把握，开发了以携程度假农庄为代表的高端乡村民宿产品。马蜂窝也同样聚焦国内旅游，开发了周末请上车项目，通过"周末请上车"品牌，以潮流活动的形式在熟悉的城市空间中创造全新的体验场景，用基于本地的新鲜玩法，满足都市年轻人追求个性、纾解压力、兴趣社交等对于旅行的全新需求。中青旅积极调整业务方向，从生活方式角度切入，将更多的资金和精力放在周边游业务上，开拓自驾、露营等周边游市场。凯撒旅业对疫情下的旅游市场、产品结构、旅游服务等做出调整，加大对国内游中本地休闲文化产品的开发和短途游的拓展。众信旅游同样以国内游业务为主，业务范围涵盖了国内市场、周边游市场及北京本地市场。

（二）出境旅游市场重新"火起来"的积极信号增多

我国正在探索更加精准高效统筹疫情防控和经济发展，越来越注意减少对正常生产生活的影响，这个趋势一直在持续，这无疑为出境旅游复苏提供了更多信心。2022年11月，将入境人员隔离管控期限调整为"5天集中隔离+3天居家隔离"。对于入境从事商务的人员和体育团组特定的入境人员设立了免隔离闭环管理区，核酸检测措施也有明显的简化。国民总收入和人均可支配收入的持续增长，使得我国居民出境旅游的现实和潜在需求依然存在，未来我国居民将有更多可能参与出境旅游活动。2022年前三季度，全国移民管理机构共查验出入境人员合计8457.2万人次，其中就有现实的包括商务旅游在内的出境旅游活动存在。我国主要出境旅游目的地前15位中已经全面取消入境限制的国家有越南、泰国、韩国、马来西亚、柬埔寨和澳大利亚。2019年这些国家吸引到的中国游客到访人数超过3000万人次，占当年出境总人数比例超过20%。2022年1~7月，部分周边国家在接待国际游客方面已经出现了显著的恢复，较2019年平均恢复幅度在2%—19%，柬埔寨在7月的恢复幅度甚至达到47%。世界旅游组织的数据显示，与2019年相比，2022年1~7月，法国、德国、越南、意大利和美国等国家的出境旅游支出已经恢复至2019年同期的七成以上（75%~90%），韩国、加拿大、新加坡等国家的出境旅游支出也已恢复至2019年同期的近一半（40%~55%），印度的出境旅游支出甚至超过了2019年的同期水平。中国旅游研究院（文化和旅游部数据中心）的专项调查显示，选择欧美作为出境旅游目的地的受访者比例从2021年的18%上升到2022年的44%，排名第一，较排名第二的东亚地区高出了14%。这反映了国民出境旅游的信心正在加速恢复，并愿意到访更远的海外目的地。出境目的地普遍看好中国出境市场前景，并一直在为市场的复苏做准备。2022年各境外目的地旅游推广机构针对中国游客的促销活动频率较2021年有明显增加。几乎每个月都有针对中国出境游客的市场推广活动，广告营销和路演日益增多。各境外目的地通过维持存在感和话题热度、培育并强化品牌优势，激发潜在游客的兴趣，增进与中国客源市场的联结。澳门推出了美食、节庆、世遗景点和博物馆等主题游澳套餐，并通过微信、抖音和小红书等社交媒体开展推广促销。"感受澳门乐无限"大篷车巡回路演覆盖中秋、国庆等重要节假日。韩国借助2021~2022年中韩文化交流年的契机，在北京、上海、成都开启线上话题打卡活动，潜在的中国游客在线上就可以体验地道多元的韩国生活方式。加拿大旅游局瞄准健康解压目标市场，引入沉浸式轻瑜伽体验，在介绍健康、有意义的旅行和生活方式的同时，向中国游客推广加拿大旅游目的地。泰国与中国游客"云"上相见，推出宋干节专题直播，邀请网友"云泼水"。新加坡在北京举行2022新加坡旅游局大中华区会奖业大会，采用"线上+线下"多地连线的混合会议模式，帮助中新业者达成远距离的线上实时沟通。

目前境外许多目的地已经开放边境，疫情防控措施也在放宽，这就为出境旅游市场主体在外拓展创造了条件，通过开拓以境外居民和境外华人为目标的旅游市场，激活机体活力，与境外合作方和资源方保持密切沟通，反哺出境旅游业务，为未来的出境旅游业务开放做好准备。携程集团拥有境外知名品牌Trip.com，在其带动下，其境外业务整体增长强劲。在2022年第二季度，携程集团的境外机票和酒店预订量同比增长超过100%，其中酒店预订量较2019年增长超过50%，境外目的地玩乐产品预订量环比增长24%，并在2022年上半年保持三位数的同比增长。2022年上半年，携程海外商旅酒店交易额同比增长540%。远海国际旅游集团是一家业内领先的目的地管理公司，主营业务是欧美、非洲等目的地的地接和资源运营。已累计服务百万人次，在亚洲人赴欧地接领域排名全球前三。2021年以来，欧洲国家间的旅游、东南亚赴欧的旅游开始率先复苏，2022年远海国际集团该模块的业务已经近千团，订单金额达到一亿多元人民币，促进集团营收和毛利快速增长，板块营收2022年有望达到两亿元。需要注意的是，出境旅游市场主体的信心也有所恢复，开始为入出境旅游做好市场与产品准备。疫情防控日益精准化鼓舞了市场主体的信心。特别是疫情防控"新二十条"的发布一石激起千层浪，"普遍感受到信心，未来有盼头了"。市场主体不仅有方向性探索，还有落地的行动和产品。出境旅游企业的发力重点在产品开发和资源整合上。众信旅游集团旗下的高端品牌奇迹旅行推出了MSC环球邮轮121天产品。远海国际旅游集团积极为出海企业提供公关媒体、品牌推广、经销商会议、布展参展、协助拍摄、公司团建、高管会议等各类落地服务，同时努力储备各类目的地资源。无论是外部环境的改善，还是疫情防控的进一步精准化，以及市场主体的努力，都越来越明确地显示出出境旅游恢复的曙光已经开始显现。

（三）活跃市场和扶持产业并举促进出境旅游恢复发展

明确开放路径，为出境旅游发展释放更多确定性。在国务院联防联控机制下，持续研判出境旅游开放的风险和边界条件，逐步明确"动态清零"政策下的边境开放场景、条件和验收办法。适时总结内地和澳门旅行限制放宽经验，评估其推广复制的可行性。持续开展压力测试。根据疫情防控形势变化和人民需求状况做好调整出境旅游政策的先期准备。针对境外业内的期盼和开放边境、恢复航班等举措，要有针对性研究和预案储备，并适时回应各方关切。开展如何更充分挖掘当前国内旅游发展潜力的专题调研。

做好商务旅行等现实细分市场服务。做好防疫抗疫、商务、科研、留学、考试、探亲、就医等"必要出境"人群的服务，并探索未来服务人群扩展的接口和可能方向。重点做好开拓和精细化"品牌出海"。鼓励通过融合整合各方资源，比如发挥出境旅行服务主体的对接协调优势和专业领队导游优势，着力打造专业化的商务旅游产品。引入专业研究机构，对商务旅游的业态、相关法规和政策环境、目的地文化背景、发展现状和趋势等进行常态化专业分析，形成商务旅行发展规划，为商务旅游发展提供指引；培育具有国际影响力的会议会展品牌，推动高端化商务旅游快速发展。完善和优化商务旅游供应链，引导和鼓励商务旅行服务市场主体的品牌建设，提高商务旅游专业化服务水平，提供会展、商业谈判、营销、培训等领域的精细化服务，满足个性化需要；积极打造商务会议、奖励旅游、展览和交易会等特色商务旅游产品，培养商务旅游的专业人才。引导市场主体为"品牌出海"服务，鼓励市场主体为客户提供一揽子服务，包括人员商务旅行、整合的营销策略推荐、差旅管理和物流保障等。

增强对出境旅游市场主体的支持。管理部门要直面出境市场主体面临的主要困难，摸清当前的迫切政策需求，预判市场主体开展业务有可能遇到的困难，形成有针对性的帮扶措施，不仅及时提供纾困补贴和稳岗补贴，还要形成涵盖资金筹措、从业资历维护、转行成本补偿、继续教育服务、数字化技术配备等方面的一揽子纾困解难政策，探索提供融资、信息、法律、技术、人才等亟须服务，提升市场主体参与度和"获得感"。遴选出境市场主体的自救、发展和创新案例、为各方提供借鉴和信心。直面市场主体的难点。探索为未来入出境旅游开放储备足量人才的可行方案。在"内转"市场激活和扩展上，与"消费券""举办节庆""减免门票"等消费促进计划更好结合，形成综合发展方案。

第五章

现代旅游产业体系建设

从全年看，旅游产业景气度不及年初预期，可能处于历年来景气的低谷期。面对疫情影响，政府出台多项纾困解难政策，企业也展开了积极自救和创新突破。也有部分企业，尤其是传统旅游企业，出现躺平、抱怨、等待等表现，造成旅游市场主体分化，而新势力入场推进了产业格局重构。市场变局催生新需求、新消费，旅游边界持续拓宽，文旅融合、文旅和其他产业融合发展不断深入，不断催生新业态、新模式和新产品。随着年底疫情防控出现新的局面，要适时推出新的产业政策，提升企业家信心，寻找新的市场主体，加强对典型案例的市场推广，对主动求变的自助者加以引导，"托举"有潜力的企业，尊重"优胜劣汰"的生存规律。要进一步推进旅游供给侧结构性改革，以更加丰富、高质量的产品供给来满足人民群众日益增长的物质需求和文化需求。

一、旅游景区、主题公园与旅游度假区发展

（一）从风景到场景正在成为旅游景区、主题公园与旅游度假区发展的新方向

2022年，在疫情多点散发的情况下，旅游业承受了前所未有的挑战，旅游景区尤其是中远程游客为主的传统景区承受的压力更大。疫情的影响使得人们对景区的诉求也发生了新的变化，一是近程旅游和本地休闲的兴起，人们更加在意身边的美丽风景和日常的美好生活；二是家庭自驾游和自助旅行的兴起，旅游者以其消费选择权获得了对旅游景区、旅游目的地甚至旅游业的定义权，"旅游者定义旅游业，而不是旅游业定义旅游者"正在成为业界的广泛共识。

神州处处是风景。疫情让旅游需求和消费行为发生了很多始料未及又顺理成章的变化。猝不及防的疫情把生命、健康、家庭、亲情、疾病、死亡这些似

乎离日常生活很远，又因为埋首于工作而无暇顾及的词汇，近距离地拉进了我们的生活，并促使人们开始重新审视生命的价值和旅行的意义。这种审视带来了显而易见的心理变化：远方的风景固然美丽，近处的场景更是美好。相对于一个人说走就走的旅行，家庭与亲情、互动与陪伴、健康与安全更值得我们守护。近距离的出行、高频次的休闲、多场景的消费，成为疫情以来节假日旅游市场的显著特征。疫情以来，游客的出游距离和目的地游憩半径明显收缩。中国旅游研究院（文化和旅游部数据中心）专项调查显示：2022年元旦、春节、清明节、五一节、端午节的出游半径分别为110.3、131.8、95.0、99.6和107.9公里，目的地游憩半径分别为8.7、8.3、4.9、6.0和7.3公里。而疫情前的2019年，游客出游半径和目的地游憩半径分别为270公里和15公里。在出行距离缩短的同时，休闲的频次明显提升，消费场景趋于多元，旅游休闲活动可以发生在社区花园、城市绿道，可以在城市公园、郊野公园、国家公园等一切有风景的开阔开放空间，也可以发生在餐馆、酒吧、咖啡馆、购物中心、菜市场、酒店与民宿等商业环境，还可以发生在图书馆、文化馆、博物馆、美术馆、电影院、音乐厅和戏剧场等文化空间。在这片美丽的国土上，处处都是伫足欣赏的风景。

旅游无时不场景。1999年"黄金周"以后，我国进入大众旅游发展的历史进程，从游客到旅游从业者，甚至到旅游主管部门，从旅游景区、酒店、旅行社等传统业态到携程等在线运营商，工作主线基本是以节假日、暑期和冬季等旅游旺季为时间轴，围绕热门旅游目的地和热点旅游景区展开的。如何促进淡旺季平衡、城乡市场平衡和区域旅游发展平衡，是重大理论问题，也是产业实践难题。我国国内旅游人数从1999年的7.19亿人次发展到疫情前2019年的60.06亿人次。这么大规模而且持续、快速增长的旅游市场，如果不能从时间和空间两个方面加以平衡和延展的话，"人民群众更加满意的现代服务业"是不可能实现的。事实上，每到节假日，媒体关于景区拥堵的报道和游客在网络上的花式吐槽屡见不鲜，甚至已经成为节假日新闻的"标配"。这种情况下，传统景区对于成熟旅游者和年轻群体的吸引力日渐式微。

场景融入风景，旅游景区和目的地发展呈现新格局。2020年以来，说来就来的疫情，说走就走的隔离，形成了疫情暴发与旅游复苏此起彼伏的"跷跷板效应"。尽管端午节过后迎来了中远程旅游市场复苏的"拐点"，但是受经济周期和收入预期的影响，城乡居民还是更加重视近程旅游和本地休闲。工作日的早市、早茶、电影、戏剧、夜市、广场舞，周末的垂钓、露营、近郊游，碎片化的旅游休闲需求与分散式在地供给相耦合的结果，无意中熨平了中远程旅游市场的不确定性。在休闲旅游者的眼中，春有百花秋有月，夏有凉风冬有雪，无处不风景，时时可休闲。短距离、低消费、高频次的近程旅游和本地休闲，为传统的旅游景区注入新内容的同时，也让传统的消费场景成为新的旅游景区。游客需求的变化也促进了旅游休闲新业态的概念创新和市场导入，比如北京杜威中心的梵高和莫奈的光影艺术大展、嘉兴的歌斐颂巧克力小镇、蚌埠的禾泉山庄、上海春秋的建筑可阅读、城市微旅游，以及春秋集团推出的春野秋梦露营产品等。它们不是传统的景区，而是全新的消费场景，在融合风景与场景的同时，也为景区创新和目的地建设提供了全新的空间和无限的可能。游客对当地生活环境、生活方式的深度体验，对旅游休闲资源的再定义，深化了旅游景区的内涵，拓展了旅游景区的外延。个性化、品质化、多样化的旅游消费需求，将旅游景区带到一个更加广阔的发展空间。

（二）内容创造和科技赋能是景区、主题公园和度假区发展的未来途径

景区、主题公园和度假区发展要突出需求侧思维。旅游已经成为人民生活的刚性需求和常态化的生活方式，没有任何力量可以阻挡人民对旅行的向往，这是旅游业的信心和力量之所在。同时也要看到，经此一疫，旅游业回不到过去了。城市、乡村和旅游景区能否吸引游客到访，能否提供给游客更高的满意度和更多的获得感，并不取决于它挂上什么标牌，而是取决于有没有高品质的生活场景。回归日常生活场景，以民生视角思考旅游，是理论研究者、产业实践者和政策制定者应该坚持也必须坚持的立场、观点和方法。随着游客广泛进入目的地居民的日常生活空间，旅游景区乃至旅游产业的边界正处于消失和重构的进程中，由需求侧来定义旅游景区将成为不可逆的趋势。为适应新发展阶段的变化，旅游景区要更加强调游客视角，目的地建设要更加重视需求导向和市场思维。

景区、主题公园和度假区发展要强调文化引领和科技赋能。文化要回到生活现场，科技要见人见物见未来，满足游客的当代需求，并通过资本和商业的结合来创造全新的生活场景和消费内容。最美的风景是人，最好的旅行是人的连接。那种蓝天白云、高山大川的空镜头，配上播音腔的历史解说，已经不能

够满足年轻一代游客的需要了。他们不会无休止地追忆逝去的繁华和苦难,也不会无条件地接受既定的旅游线路、项目和产品。当前,经由数字化而来的平等、自由和无限的可能,正在深刻改变包括旅游休闲在内的经济增长和社会发展方式,也为建设现代旅游业体系、推动旅游业高质量发展提供了全新动能。

景区、主题公园和度假区要注重引入社群经济和社区分享相关商业模式。品质化和多样性是大众旅游全面发展新阶段的市场特征,分类与分层并重则是旅游景区和目的地建设的指导思想。我们既要关注自然和人文类景区开发,迪士尼、环球影城、长隆、方特、欢乐谷、海昌海洋公园等主题公园的引入,也要重视高水平旅游度假区的建设,更要关注城市更新进程中的存量资产优化,推动小微型文化、休闲和旅游项目融入社区和景区。洛宝贝乐园、比如世界、杜莎夫人蜡像馆、老舍茶馆、木木美术馆、南京喜事、杜威中心等文化项目可以融入购物中心和休闲街区,星乐度、三华李、永安稻香村等轻度假、泛休闲业态可以融入乡村建设和共同富裕,并成为旅游投资新空间和产业运营新模式。

二、旅行服务业发展

在疫情不确定性、经济周期下行、消费谨慎和出行距离收缩的叠加影响下,旅行服务商经历了疫情发生以来最难熬的一年。相较于主营业务在线下的旅行服务商而言,OTA 的业务复苏稍显乐观。从第三季度财报来看,同程艺龙业绩领跑,营收已恢复至 2019 年同期 91%,住宿间夜量等多项运营指标超过 2019 年同期。

(一)OTA 由轻变重的趋势没有停止,赋能供应商和目的地成为相互角力的重要领域

OTA 企业正通过各种方式渗入上下游实体企业和目的地建设。截至 2022 年 7 月,携程集团旗下乡村振兴品牌携程度假农庄公布了落地一周年运营数据。过去一年,携程先后在安徽、河南、新疆、江西等多省区落地 9 家农庄,累计接

待客源已覆盖全国30个地区,并在陕西佛坪、福建永泰等地开启多家新农庄的建设。同程集团通过收购云南红土航空股权,并接受地方政府注资,在去年年底迁址并重整之后以湖南航空有限公司新品牌亮相,跻身成为国内为数不多拥有自己航空公司的旅游企业之一。

马蜂窝在疫情之下紧跟市场变化,深耕旅游产业互联网,从为平台商家和创作者赋能,升级为向整个旅游产业赋能。面对中国旅游市场发生的深刻变化,以短途、高频、小众、深度体验为主流的消费模式,以短视频、直播到私域、社群运营等新媒体、自媒体为主的营销方式,使得旅游企业面临新的痛点,急需转型发展。针对这一变化的市场形势和旅游行业存在的痛点,马蜂窝从人才迭代、数据资产、产品创新、目的地运营等多方面为行业赋能。在目的地赋能与合作方面,马蜂窝与贵州省签署战略合作协议,全力支持贵州省旅游产业化发展,依托其核心产品、大数据资源及技术优势,为政府机构和行业企业服务,加大目的地深扎力度。在聚焦本地游方面,马蜂窝开展了近一年的"周末请上车"活动,瞄准"旅游+社群经济",由马蜂窝与第三方专业"主理人"共同提供服务,集中在轻户外、潮流运动以及其他兴趣领域,每周末准时"发车",不断推出新品。在本地市场如火如荼的发展背后,如何盈利还是本地游产品面临的重要课题。

为满足用户个性化、差异化旅游需求,飞猪于2022年推出新品栏目——"奇妙之旅",每周探索小众目的地的旅行玩法,同时匹配"精选奇妙好货"。从7月开始,相继推出大自然的探险家、闯入童话世界里、好似有神仙居住、第二眼海南、神奇动物在哪里、睡在风景里、这里秋已至、奇妙江南夜、秋风起 秋色浓、那就去沙漠吧、假期的第二课堂、吃货的快乐老家、奔赴一场山海、秋季不扎堆露营、宝藏小城慢悠悠等主题。区别于传统常规旅游线路产品,飞猪"奇妙之旅"试图以专题专栏专业团队打造的形式,为小众目的地聚人气,为当地的中小商家、特色商家带流量,也让小众旅游产品有更多崭露头角的机会,实现小众产品与精准客群的高效连接。聚合小众目的地小众玩法的高体验产品,进行整体打包的内容分发。该栏目会根据不同的时令、主题玩法和人群需求,每周三更新一次,深入挖掘目的地的个性化资源和新奇玩法,通过旅拍大片、图文游记、深度游视频等形式,综合展现目的地的魅力。邀请旅行达人和网红分享契合年轻人出游诉求与偏好的各种玩法、景点拍照攻略等,深耕内容多元种草。在活动宣传中,飞猪旅行布局开机屏、首页、目的地、会员等平台全链路优质资源，进行专题强引流，同时联合飞猪公众号、知名自媒体等社交媒体实现活动广扩散，充分提升"奇妙目的地"的关注热度。

（二）线下旅行商倒闭转型，产品和服务生产方式发生变化

线下旅行服务商受疫情不确定性影响，总经营时间是三年来最短的一年，企业现金流进一步承压。在业务无法正常开展的状况下，少数有实力坚持的企业大多将注意力转向了自身的产品更新与迭代，以期为未来的复苏做准备。疫情催化下，依赖人口红利和政策红利而快速增长的旅行服务业事实上正加速进入精细化发展的新阶段。产业的高质量发展通常不是在总量快速增长的一团和气中实现的，而恰恰是在外部环境考验和内部竞争加剧中实现的。正如许多伟大的公司都是在经济周期处于底部时创建的，所谓的"内卷"也是任何一个行业走向成熟的必经阶段。

疫情期间攀升的国民储蓄率，从另一个侧面反映了当下谨慎消费的态度和现状。经济周期叠加疫情不确定性使得消费分层和结构分化进一步加剧。从课题组的走访调研来看，少部分聚焦于富裕家庭市场的业务受影响不大，其变化主要在于海外消费的回流，以及回流后是否有合适的产品和服务承接。这些强劲的需求会通过各种渠道强势释放，出不了国境，就国内游；跨省游熔断，就省内游、近郊游、市内游。团队游和"机+酒"受限，就自助游、自驾游。原本在疫情前已经出现的中等收入群体的消费能力走弱情况在疫情下表现更为突出，如何能够调整产品使其更适应当下的客群需求，是摆在每一位业者面前的严峻问题。如何赢得这些不断增长的、旅行经验日益丰富、品味日益"挑剔"、消费能力在弱化却有消费意愿且有品质追求的大众群体，是旅行服务商不得不面对的课题。

无论是跨界而来的创新型玩家带来的竞争压力，还是交通、信息等公共服务普惠供给加速带来的双刃剑效应，都使得旅行服务商依靠简单信息不对称而盈利的商业模式逐渐失效。当商业环境已经从"以货为中心"走向"以人为中心"，旅行服务商的获客渠道、交付方式、供应链整合的方式与效率都面临着全方位的考验；当已经被一波又一波"新消费"浪潮洗礼和宠爱出来的消费者开始倒逼旅行产品与服务的升级，旅行服务商的目光再也不能紧盯着资源端。从卖资源到卖产品，从寻找独特的资源到踏实地做客群分析，是多数旅行服务商

需要转变的思维和磨炼的能力。独特的资源固然重要，但是了解产品的人群定位和目标人群的需求更重要。当旅行服务商服务的是一类人群的时候，可以提供的产品及服务是可以扩展的，但是如果只聚焦在产品之上，反而很容易被替代，失去了原有的客群。

三、旅游住宿业发展

2022年我国经济发展面临需求收缩、供给冲击、预期转弱三重压力，疫情也较年初预期要严重，住宿业经受了历年来经营最困难的一年。在政府纾困政策促进和企业积极展开自救的情况下，住宿企业顽强地坚持了下来。现在，党的二十大报告给行业未来发展指明了方向，疫情防控形势也已经明朗，旅游和住宿需求的刚性需求仍在，短期的不利因素必将转化为长期的有利因素，未来一段时期住宿业必将迎来快速复苏和驶入高质量发展阶段。

（一）住宿业景气现疫情以来新的低谷

从市场格局看，国内市场仍占据绝对主导地位，而且这一基本格局在三年中基本没有变化。在疫情警报解除后，入境游客住宿间夜数将会有所回升，但短期内期望不能过高，一时很难回到疫情之前的水平。中国庞大的内需市场和全国统一大市场建设的提速，为中国经济提供了广大纵深和顽强的韧性。国内市场是当今世界上增长潜力最大的市场，还有非常大的空间和市场待开发，一旦打开其发展前景将不可限量。旅游住宿企业更应该充分发挥本土优势，利用好国内市场。

从产业格局看，头部效应进一步强化。疫情发生三年来，住宿产业格局总的趋势是头部效应不断强化。从全球酒店排名看，我国酒店集团排位不断上升。虽然这三年中国住宿业投资增速下滑，行业酒店数量和房间数增长幅度非常小，但处于头部的酒店集团规模越来越大。危机期间，机会的大门更多会向国企、上市公司以及风险管控力强的民企敞开。大型酒店集团承受风险能力强，小公司纷纷需求庇护。国有企业占据更为有利的发展时机，不少民营企业纷纷寻求国有酒店集团的支持。这都将导致行业集中度进一步提升。

从投资与绩效看,行业景气陷入新的低谷。2020年住宿业投资同比增速为-0.8%,2021年回升至6.63%,但预计2022年增速将会再次转负。一些已经立项的酒店项目取消、暂停或延期投资。2021年住宿业企业整体负债率已高达79%,民营企业更是高达89.5%。2022年众多酒店资金链已经紧绷到极限,出现了多家酒店低价拍卖以及酒店集团股权转让的案例。全年来看,企业业绩不及年初预期,可能将是住宿业历年亏损最为严重的一年,是三年来最为难熬、最为困难的一年。

(二)政策纾困与住宿企业自救相向而行

在当前困境下,政府实施政策促进为企业纾困解难,企业也走上了积极自救之路。2022年住宿业受疫情的影响进一步加剧,住宿企业随时要面对由疫情所引发的诸多困境,特别是由需求端游客流量锐减、现金流断裂所导致的经营困难加剧的严重后果。各级各地政府为了帮助住宿企业渡过难关,纷纷推出助力文旅企业纾困的专项措施,包括"退、减、免"的税收政策,"降、贴、贷"的金融政策,"扩、促、引"的消费政策以及"稳、补、缓"的就业政策。纾困政策有助于降低疫情对行业的影响,减少企业流动资金的压力,消弭行业或区域风险,从而助力企业恢复正常发展的轨道。从缓缴保险到稳岗补贴、从提高贷款额度到取消政府采购服务项目的门槛限制,这一系列"组合拳"对进一步降低旅游业企业运营成本、营造良好的营商环境,增加企业盈利能力和可持续发展能力,起到了较好的提振作用。

同时,住宿企业也积极主动作为,积极开展自救,不断挖掘企业潜能,开源节流,降本增效,提升酒店的生存力。在开源方面,酒店开始深挖已有的资源,开拓新业务,增加新的经营收入。这包括争取隔离酒店业务,设立亲子房,增加酒店外卖业务,实施酒店零售等"酒店+"产品,开拓新的酒店销售渠道,以及品牌推新、迭代和引进新的品牌等动作。在节流方面,酒店企业通过控制成本来减少开支,实现开源节流同步进行,增强企业生存能力的同时也提高了酒店企业的核心竞争力。这包括减员降薪轮岗、酒店管理公司减免业主管理费、企业债务置换和展期、节水节电、集中采购和换品牌等动作。在增效方面,采取了加强培训、流程再造、数字化转型、供应链管理、强化公司治理以及体制机制改革等行动。

在自救之外，不少企业还在危机中寻求创新突破。一些酒店认为唯有满足新消费需求、不断升级业态、创新产品和服务方式，酒店业才能重新出发。它们不断创新经营思路，开辟新的利润增长点，于危中寻机、谋求创新，以更高的品质标准和更多元的发展模式突围自救、寻求发展。在业态创新方面，推出了度假农庄、电竞酒店、城市度假、宅度假、微度假、长住酒店、轻奢酒店、野奢住宿、微型酒店等新业态。在模式创新方面，丽呈集团探索OMO住宿生态平台，一些企业不断探索"住宿+"、轻连锁、共享住宿、供应链管理等模式。发掘新机会方面，积极融入城市更新项目，加大下沉市场布局，到美丽乡村大展身手，打造酒店新的生活场景。此外积极实施数字化转型，在各类场景中探索和加速数字化应用。

（三）住宿业着眼公司治理和细分用户培育降本增效

随着酒店市场和产业格局的变化，酒店依靠自身力量求生存、谋发展，将重心放回到酒店运营和资产管理本身，重新认识行业的本质，寻求核心竞争力的提升，努力探索行业的复苏之路。酒店从"配角"回归"主角"。由于疫情和地产行业的双重影响，原来作为地产配套和附属的酒店业，将发展重心逐渐回归到酒店本身。随着资管时代的到来，酒店从增量市场跳出，到存量市场寻求突破；从为地产项目赋能，到依靠酒店运营和资产管理进行收益；从以住宿为单一业务，到加强产业融合，实现行业的相互促进。疫情带来了酒店业的寒冬，但同时也成为我国酒店业高质量发展的契机。疫情没有击垮酒店人，反而倒逼很多企业提升自身的生存能力和竞争力。在酒店行业，无论是单体酒店，还是品牌连锁，都积极通过品牌塑造、资本运作、新技术运用和管理能力提升，来夯实酒店本身的核心竞争力。

根据新时代对企业的更高要求，企业在赚取利润的同时，要兼顾对"利润之上"的追求。党的二十大报告提出，要坚持把社会效益放在首位、社会效益和经济效益相统一。旅游业既是产业，也是事业，具有双重属性。进入新时代，旅游业的事业属性相对以前需要强化。住宿业也同样如此，越来越多的住宿业企业开始关注"利润之上"的追求，意识到企业不仅能够创造收入和利润，能够贡献税收、带动就业以及提升城市形象，还能够推动ESG建设以及促进共同富裕。其中，ESG战略的目标是让企业成为环境友好型、社会友好型和规范化治理的公司。希尔顿酒店集团发布了《2021年环境、社会和公司治理（ESG）报告》，国内的君亭酒店集团也发布了首份ESG报告。在致力于共同富裕目标方面，乡村民宿成为促进共同富裕的重要载体。

（四）利用资本和现金流优势对接资本市场

住宿企业为产业复苏储蓄能量。其中，人才和资金是重中之重。在人才储备方面，鉴于受疫情冲击，住宿业薪酬不断下降，人力资源流失严重，未来人力资源意味着企业的竞争力，行业人才资源建设显得尤为重要。酒店集团正通过多渠道加大人才培养和储备，为未来的可持续发展蓄能。住宿业承载了人民对美好生活的向往和期待，住宿业要成为名副其实的现代服务业，就必须走高质量发展道路。酒店集团作为住宿业的主力军，要充分利用资本市场实现自身飞跃。酒店集团具有很好的规模效应，我国拥有巨大的市场需求，国际市场也为我们提供了广阔的发展空间，三年疫情让头部企业优势更为明显，加剧了市场集中度的提升，有利于大型酒店集团的发展，资本市场就是助力腾飞的催化剂。

需要住宿企业在资本市场实现新突破。到资本市场IPO或发行酒店REITs，成为公众公司，既可实现资源的优化配置，规范公司治理，提升品牌形象，也可在更大范围内实现风险共担、利益共享。需要更多住宿企业在资本市场崭露头角，通过资本的力量推动企业更规范、更具创新能力，赢取更大的发展空间。有必要研究并解决住宿企业上市瓶颈，支持住宿企业在资本市场持续发力。要科学设计上市路径。要最大限度地发挥好已上市平台的价值，同时推动住宿类企业资产证券化，加快住宿企业的IPO，继续努力推进酒店REITs的落地，用资本市场的力量助推行业高质量发展。酒店集团进入资本市场的路径不止一条，可以根据情况分类推进。对于以委托管理、特许加盟模式为主的轻资产模式公司，可根据需求到A股、港交所或美国以常见IPO模式上市，到北交所上市也不失为一个很好的选择。对于拥有酒店物业的重资产模式的公司，可以寻求以REITs模式上市，如到中国香港、新加坡或美国，未来若国内政策落地就直接在国内上市。对于成立时间短、商业模式创新的公司，如短租平台、度假租赁管理公司、酒店供应链平台、智能酒店等，则可以寻求以SPAC模式上市。

强化酒店集团合规管理建设。企业运营管理规范化、公司治理合规是上市的前提条件。因此，酒店集团要确保税务上规范，该交的税不要避税，该给员工上的五险一金要足额缴纳。要规避商业贿赂、代持股份等违规或不规范的商业行为。酒店集团都建立了规模庞大的会员体系，要做好大数据的管理，确保会员数据、顾客预订和消费偏好等消费行为数据不外泄。不要犯类似万豪国际由于地图标注不合规等导致的低级政治错误。对于拟上市的酒店集团，要通过IPO辅导，做到在财务、税收、法律等各方面规范管理，公司治理合规。

持续提升企业的盈利能力。所有的上市路径，其前提是要具备强劲的盈利能力，或者创新能力强、盈利潜能大。要通过实施数字化转型，提升运营效率，降低运营成本，提高盈利能力。在疫情导致市场重心全面转向国内市场后，住宿企业既要坚持国际水准，保持该有的服务水准和服务品质，也要做好中国服务，做出特色来。疫情期间，住宿企业迎来三个时间窗口，一是利用疫情这段特殊时期，改变消费者对中国本土品牌的认知；二是通过供给侧改革实现从模仿创新为主转向自主创新主导；三是这段时间也是获取优质资源的时间窗口。特殊时期，住宿企业发展的重心也在回归，特别是作为地产附属物的酒店，从主要依赖地产赚钱回归到靠酒店运营管理和资产管理来盈利，发展的模式从重资产为主转向轻资产为主的模式，管理方式也向更加精益化管理转变。

第六章

推进中国式现代化旅游公共服务与治理体系

旅游业经济属性强、市场化程度高，面对前所未有的挑战，躺平不可取，躺赢不可能。2022年，围绕疫情防控和救行业救企业救员工，政府部门多措并举，在供给侧和需求侧、产业面和公共服务面等同时发力，使旅游行业在极端困难的情况下仍保持了复苏的希望和基础。2023年，围绕"以中国式现代化全面推进中华民族伟大复兴"的伟大命题，旅游业需要进一步重构发展理念，推进中国式现代化旅游公共服务与治理体系建设：加大政策创新力度，从托底转向托举；转变行政工作方式，从有为转向高效；提升公共服务水平，统筹"旅游中的公共服务"和"公共旅游服务"。

一、旅游政策：从托底到托举

（一）纾困解难、稳定市场和促进产业政策多管齐下

2022年1月1日至2022年11月25日，国务院、文化和旅游部及相关部委共发布了40个与旅游发展密切相关的政策文件。政策内容主要围绕文化、发展、服务、乡村、加强、疫情、防控、休闲、户外运动等政策文件中出现的高频词展开（图6-1），总体上可划分为纾困解难、推动旅游市场复苏和促进旅游产业发展三类。

第六章　推进中国式现代化旅游公共服务与治理体系
Chapter 6　Promoting Chinese path to modernization Tourism Public Service and Governance System

图 6-1　2022 年旅游相关政策高频词词云图

1. 持续纾困解难

党中央、国务院高度重视困难行业纾困发展工作，出台了一系列纾困帮扶政策措施，有的放矢、综合发力，为旅游业恢复发展凝聚了市场信心、必胜决心。2022 年 2 月，国家发展改革委、文化和旅游部等 14 部门联合印发《关于促进服务业领域困难行业恢复发展的若干政策》，提出 3 个方面 43 条具体措施，针对旅游业打出"10+7+N"的政策组合拳。10 是针对包括旅游在内的服务业出台十条共同适用的纾困扶持措施，7 是针对旅游业七条纾困扶持措施，N 是回应业界呼声的精准实施疫情防控"四个精准""三个不得"，力求保持经济发展和社会生活的正常秩序。2022 年 4 月，文化和旅游部调整暂退旅行社旅游服务质量保证金政策，将保证金暂退比例提高到 100%，并将新取得经营资质的旅行社一并纳入政策支持范围。2022 年 5 月，国务院出台《扎实稳住经济的一揽子政策措施》，对旅游等困难行业给予更大力度支持。加上相关部委和各地陆续出台的专项支持举措，旅游业进入疫情以来层级最高、力度最大、效果最为明显的政策周期，有力促进了旅游产业复苏进程。

金融支持是现代产业发展的重要动力。2022 年 7 月，中国人民银行、文化和旅游部印发《关于金融支持文化和旅游行业恢复发展的通知》，以发挥金融管理部门、文化和旅游行政部门、金融机构各方合力，促进文化和旅游行业恢复发展。2022年10月，国家发展改革委发布《关于进一步完善政策环境加大力度支持民间投资发展的意见》，鼓励因地制宜发展休闲农业和乡村旅游产业，按市场化原则对符合条件的交通运输、餐饮、住宿、旅游行业民间投资项目提供融资担保支持。这些政策加大了民间投资融资支持力度，在推动文化和旅游休闲服务供给品质提升、助力行业提振复苏方面发挥了重要作用。

在大众旅游发展的新阶段，在文旅产业复苏复业的新形势下，无论是金融支持旅游业，还是旅游业为金融系统提供创新空间，都离不开科技的桥梁，都必须找到双方的需求。2022年7月，中国旅游研究院（文化和旅游部数据中心）、中国工商银行网络融资中心、全联旅游业商会和链证数科研究院启动共建文旅数字金融实验室，积极探索文旅企业和金融科技融合赋能，推动银行创新金融服务模式，共同破解文化和旅游企业融资难融资贵问题。

2. 促进市场复苏

政策千万条，市场第一条。市场起来了，企业有生意做了，旅游业自然就复苏了。

跨省游方面。2022年5月，文化和旅游部办公厅印发《关于加强疫情防控科学精准实施跨省旅游"熔断"机制的通知》，对跨省旅游管理政策进行优化，将"熔断"政策的行政单位从省（区、市）调整为县（市、区、旗）以及直辖市的区（县），有效促进了中长线旅行社跟团游市场的恢复。2022年11月，文化和旅游部办公厅印发《关于进一步优化新冠疫情防控措施科学精准做好文化和旅游行业防控工作的通知》，取消跨省旅游经营活动与风险区实施的联动管理，加大对"一刀切"、层层加码问题整治力度，进一步提高了疫情防控的科学性、精准性，增强了旅游市场复苏的政策确定性。

文旅活动场所方面。2022年11月，文化和旅游部对前期的文化和旅游市场疫情防控工作指南进行了修订更新，印发《旅行社新冠疫情防控工作指南（第五版）》《互联网上网服务营业场所新冠疫情防控工作指南（第五版）》《娱乐场所新冠疫情防控工作指南（第五版）》《剧院等演出场所新冠疫情防控工作指南（第六版）》《剧本娱乐经营场所新冠疫情防控工作指南（第二版）》《旅游景区疫情防控措施指南》（2022年11月修订版）等多项指南，要求不随意关停娱乐场所，无疫情地区原则上不限制演唱会人数。标志着文化旅游场所逐步开放，为旅游市场的复苏提供了进一步保障。

入境旅游方面。2022年11月11日，国务院联防联控机制综合组发布《关于进一步优化新冠疫情防控措施　科学精准做好防控工作的通知》，公布进一步优化防控工作的二十条措施，取消入境航班熔断机制，入境人员隔离时间由"7+3"缩短为"5+3"，对于正常国际商贸及文化旅游交流的加快恢复意义重大。随着政策的落地，国际航班迅速增加、航线明显加密，沉寂许久的出入境旅游得到明显改善。

3. 引导产业发展

党中央、国务院高度重视国民旅游休闲工作，陆续出台系列政策措施，推动国民旅游休闲时间条件、制度保障等稳步改善。2022年7月，国家发展改革委、文化和旅游部联合印发《国民旅游休闲发展纲要（2022~2030年）》，提出进一步优化我国旅游休闲环境，完善相关公共服务体系，提升产品和服务质量，丰富旅游休闲内涵，促进相关业态融合，更好满足人民群众的美好生活需要。在疫情持续蔓延的背景下，在北京冬奥会的带动下，户外露营、冰雪运动消费持续升温，有关部门出台《关于推动露营旅游休闲健康有序发展的指导意见》《户外运动产业发展规划（2022~2025年）》《关于开展2022年国家体育旅游示范基地申报工作的通知》《关于开展国家级滑雪旅游度假地认定工作的通知》等多个文件，为丰富休闲度假产品、满足人民群众多样化休闲度假需求创造了条件。

乡村旅游是大众旅游和现代旅游业体系的重要组成部分。近年来，乡村旅游市场规模持续扩大、产业链条不断延展、综合带动作用日渐明显，已经成为乡村振兴的全新动能。《中共中央、国务院关于做好2022年全面推进乡村振兴重点工作的意见》强调聚焦产业促进乡村发展，实施乡村休闲旅游提升计划，将符合要求的乡村休闲旅游项目纳入科普基地和中小学学农劳动实践基地范围。为贯彻落实乡村振兴战略和上述文件，文化和旅游部联合有关部门出台《关于推动文化产业赋能乡村振兴的意见》《关于促进乡村民宿高质量发展的指导意见》等文件，强调推动创意设计、演出、节庆会展等业态与乡村旅游深度融合，顺应人民群众乡村旅游消费体验新需求，引导乡村民宿开发和建设，为乡村旅游提质升级保驾护航。

2022年是"十四五"规划密集出台的重要年份。《"十四五"旅游业发展规划》站在两个百年未有大变局的历史高度，概括总结了"十三五"期间旅游业发展的历史成就和发展经验，科学研判了大众旅游进入全面发展阶段所面临的形势和挑战，坚持以人民为中心，以现代化为导向，擘画了"十四五"旅游业高质量发展的新蓝图。产业融合是经济发展的大趋势，也是推动产业发展的新选择。在文化和旅游深度融合发展的战略背景下，旅游与其他领域融合趋势不断加深。在《"十四五"现代综合交通运输体系发展规划》《"十四五"中医药发展规划》《"十四五"文化发展规划》《"十四五"推进农业农村现代化规划》等国家层面规划中，均强调了与旅游的融合发展，并提供了相应政策支持。

（二）旅游业复苏需要更加积极的财政及产业政策

党的二十大报告提出以中国式现代化全面推进中华民族伟大复兴，为旅游业发展提出了理念重构和实践创新的现实课题。同时，虽然疫情形势日趋明朗，旅游业全面复苏提上日程，不过短期内依然存在传播扩散风险，疫情防控在未来仍面临一定压力。在上述背景下，旅游业亟须更加积极的政策支持。

1. 需要有好的政策管理市场预期

旅游不仅仅是对自由的热爱和向往，更是一种对生活本身的态度。疫情期间，各行各业都因为疫情而停滞不前，人们面临着巨大的心理压力，旅游作为一种放松的形式和对新的生活方式的体验，体现了人们对美好生活无尽的向往。2022年暑期，很多地方的旅游市场都呈现出爆发性增长或"报复性"反弹。"三亚夏季旅游淡季变旺季""苍山洱海变成人山人海""新疆独库公路变堵哭公路"，旅游盛况令人叹为观止的同时也反映出产业政策的不平衡和不充分。在旅游业全面复苏来临之际，各地还需要在"预期管理"上下更大功夫，尽力提升需求和供给匹配的确定性和稳定性。

2. 需要有好的政策对冲多年疫情冲击

新冠疫情发生以来，旅行社、在线旅行运营商总体上处于停商停产的状态。疫情反复对旅游经济造成了巨大冲击，旅游企业面临较大困境。2022年是过去三年受疫情影响最深、旅游市场景气最弱的一年，很多旅游企业难以为继，挣扎在破产倒闭的边缘。近期在诸多利好政策的加持下，旅游业有望迎来复苏向好的转折点，但是市场预期仍然不够稳定，面对长期承受重压、脆弱飘摇的旅游企业，常态化扶持政策可能难以起到立竿见影的效果，需要在稳住基本盘的同时进一步放宽限制性措施，积极吸引资金、人才进入，为企业纾困解难。

3. 需要有好的政策加速文化和旅游深度融合

文化和旅游融合发展是中央重要战略部署。大众文化、公共艺术与旅游业的融合并没有因为疫情而停滞，而是呈加速发展的趋势。如何推动文化和旅游实现更广范围、更深层次、更高水平的融合发展，如何真正落实"以文塑旅、以旅彰文"，还需要在政策创新上多下功夫。同时，还要进一步推动旅游业和相关行业、领域融合发展，更大限度释放旅游业"一业兴、百业旺"的乘数效应，为国民经济回稳向上做出新贡献。

4. 需要有好的政策启动入出境旅游发展

入出境旅游是国内旅游市场的延伸，旅游集团和中小微企业是入出境旅游服务水平提升的保障。随着政策储备、压力测试和精准防控经验的积累，中国的入出境旅游市场可望在2023年迎来一个稳步复苏和逐步回暖的窗口期，同时也需要从现在开始就认真准备相关政策。

（三）按照"稳增长、稳就业、稳物价"要求搭建2023年旅游政策总框架

1. 加快形成全国统一的旅游大市场，便利疫情防控新形势下的人们外出旅行

打破地域保护主义，加快取消阻碍人们自由流动的政策措施，鼓励推出适应形势的新产品新业态，做好预约、错峰、限流等措施，促进全国旅游市场有序复苏、快速发展。与此同时，在疫情没有彻底消除之前，仍要倡导旅游者做好个人防护，保持在人群密集处佩戴口罩、多人就餐使用公筷公勺等习惯，并及时跟踪疫情发展形势，提前做好预案，保障旅游市场持续健康运行。

2. 统筹国民旅游休闲发展和旅游消费促进，满足人民美好生活需要

鼓励各地区因地制宜制定并实施景区门票减免、景区淡季免费开放、往返机票打折、高速通行费减免、演出门票打折等政策。定期或不定期发行各类文

旅惠民消费券。支持各地结合文化和旅游消费季等活动，因地制宜组织开展"本地人游本地"活动。以县城和中心城镇为中心，抓好"文化旅游休闲项目下乡"和"农村居民进城（镇）休闲"工作。支持对农村居民等特定人群发放旅游休闲消费券。启动农村美好休闲生活工程，建设一批以服务本地居民为主的乡镇旅游休闲基础设施。

3. 救助和提升并重，推动旅游行业发展水平上新的台阶

确保现有政策落地与实施，适当延续一段时间，继续扶持旅行社和在线旅行商等困难旅游企业发展。加强对行业员工的救助，加大线上职业技能培训力度，为旅游企业复工复业提供人才基础。加强公共数字新基建，支持以企业为主体推进旅游科技创新，带动行业数字化能力提升。充分发挥公共消费和公共财政支出的托底作用和杠杆功能，创新土地供给、工商管理、金融支持、公安消防等一揽子政策，提振旅游业恢复发展信心，增强要素保障。

4. 做好入出境旅游政策储备

密切关注移民外交、民航、海关等相关部门的政策变化，适时恢复出入境团队旅游和陆地边境口岸城市团队旅游业务，启动入境旅游促进行动，稳步发展出境旅游。

二、旅游行政工作：从有为到高效

（一）2022年政府部门积极作为培育旅游业复苏动力

1. 加强宏观引导，增强旅游业恢复发展信心

出台规划明确方向路径。尽管旅游业短期受疫情影响很大，但各地依然把旅游业作为国民经济和社会发展的重要产业进行谋划。目前各省大都出台了"十四五"时期的文化和旅游发展规划，一些地方还出台了专门的旅游业发展规划或全域旅游发展规划。这些规划着眼旅游业中长期的发展，为各地旅游业恢复创新发展、服务国家大局提供了根本遵循。一方面，各地积极召开旅游发展大会传递振兴信号。2022 年，山东、四川、湖南等地相继召开旅游发展大会或文化和旅游发展大会，主要领导出席会议并作工作部署，传递了各地高层推动旅游业恢复发展的强烈信号，在社会上引起强烈反响。另一方面，开展案例征集加强试点示范。案例征集发布具有及时性、前瞻性、非强制性等特点，现已成为各级文化和旅游部门调动市场主体积极性、加强试点示范的重要手段。2022 年，文化和旅游部分别就文化和旅游数字化创新实践案例、文化和旅游领域改革创新案例、智慧旅游创新企业和智慧旅游创新项目等多个领域进行了案例征集、遴选和发布，各地也开展了一些类似的案例征集活动。

2. 创新市场监管，统筹做好疫情防控与市场复苏

维护市场有序运行是旅游行政管理工作的重要内容。2022 年，各级文化和旅游部门一方面根据疫情防控动态需求，及时调整细化文化和旅游各领域防控要求，最大限度保障群众生命安全；另一方面，根据市场恢复发展情况，采取综合执法和信用监管相结合的措施，提升市场主体服务自觉性，维护市场秩序。一是根据常态化疫情防控需求，落实落细政策要求。文化和旅游部高度重视疫情防控，不仅通过召开防控新冠病毒工作领导小组会议等加强对疫情防控措施督导落实，而且在重大风险事件中加强同当地相关部门协同配合，积极处置留置游客安全问题。各司局纷纷对其督查指导的领域进行防疫政策细化落实，加强疫情防控规范指导，制定和修订了公共图书馆、文化馆（站）、社会艺术水平考级现场考级活动、剧本娱乐经营场所、旅行社、旅游景区等疫情防控指南。二是细化服务指导，营造市场恢复健康环境。尽管旅游市场一直处于起起伏伏的恢复过程中，文化和旅游部门仍然积极对市场主体行为进行监管，为市场稳定恢复创造条件。如推进综合执法和信用监管相互衔接，对违法违规的企业和个人依法依规开展失信主体认定；推进《加强导游队伍建设和管理工作方案（2021—2023 年）》实施，要求旅行社加强导游业务培训，提升导游专业水平与服务质量；加强旅游市场执法，特别是重拳出击"不合理低价游"、指定具体购物场所、导游强迫或者变相强迫购物等各类旅游市场违法违规行为，并针对老年人等重点人群市场展开专项行动，在 2022 年 5 月召开了全国文化和旅游市场打击整治养老诈骗专项行动电视电话会议。

3.供需两端发力，稳定市场发展基本盘

2022年以来，文化和旅游部门通过加强助企纾困、发放消费券、创新营销推广等措施积极促进产业复苏。一是供需同时发力，助企纾困更加精准。文化和旅游部门在持续推动出台救助困难旅游企业的供给侧措施的同时，加大需求侧措施的发力。各地文化和旅游部门积极推进政府采购旅游企业的服务。如浙江明确提出，政府采购住宿、会议、餐饮等服务项目时，严格执行经费支出额度规定，不得以星级、所有制等为门槛限制相关企业参与政府采购，支持旅行社按规定提供相关委托服务。在文化和旅游部门协调下，各地一批酒店承担了隔离业务，在助力疫情防控的同时自身也获得了一定收入。二是积极推动加大市场刺激力度，增强消费意愿。各地文化和旅游部门纷纷通过免门票、"一元票""消费大礼包"等活动，以及结合文旅商户、营销平台发放消费券、优惠券、惠民券等举措，加大对消费市场的刺激力度，重点支持保障旅游景区、旅游度假区、星级饭店、旅行社、民宿、文博场馆、文娱企业等市场主体恢复发展。三是创新营销方式，讲好旅游故事。文化和旅游部在2022年"中国旅游日"期间举行了"千号联动"自媒体推广、"百万旅游人"网络推广、"亿万祝福"短信推广等活动。多名地方文化和旅游部门领导结合网络热点，融合采风、表演、访谈、互动等多种表现手法，在直播带货、宣传片拍摄等活动中积极加强同群众交流活动，让家乡的文化资源切实在百姓中"活"起来和"火"起来。

（二）旅游行政工作需要更加精准高效

1.行政手段需要进一步创新

做规划、开大会、颁牌子是旅游行政工作的重要手段，但是仅仅依靠这些手段是不够的。特别是过去有些规划停留在纸面上，难以落地；有些大会就像一阵风吹过，少有留痕；有些牌子越颁越多，价值降低。实际上各地文旅部门也注意到了这些问题，规划的落地性和可操作性已经有很大改善，大会更加注重实际效果，牌子也加强了复核和退出机制，推出了案例发布、官员直播等新手段。在未来的发展中，还要进一步根据市场需求的变化和产业发展的趋势，放管服结合，加大创新力度，让政府和市场两只手形成更大合力。

2. 工作效果需要进一步关注

旅游行政工作不能满足于"做了啥",更要注重"做成啥",要以老百姓的满意与否作为工作的出发点和落脚地。比如消费券的发放,不仅要看发了多少,还要看用了多少;设置了咨询电话,不仅要看处理了多少咨询,还要看咨询的人是否满意。

3. 科技运用需要进一步加强

科技运用是提高治理现代化水平的重要途径。近年来,通过监测预警、大数据挖掘、预约引导、数字展示等手段,旅游行政治理现代化水平和效率得到了很大提高。今后要进一步推动先进科技在旅游行政治理中的运用,在完善设施设备的同时更加关注人的因素,切实发挥先进科技的功能。

4. 文旅融合需要进一步深入

党的二十大提出了推动文化和旅游深入融合发展的重要使命。当前,虽然文化和旅游机构改革已经完成,但在岗位设置、职能配置、人员安排、工作方式等方面还可以进一步优化,复合型人才培养还需要进一步加强。

(三)旅游治理能力和治理水平有明显进步

1. 宏观引导上更加强调务实可操作

要结合疫情防控总体要求以及产业自身发展周期,在市场培育、产品开发、营销推广等方面匹配相关资源力量,提升规划实施水平。案例征集发布是传帮带的重要方式,但要深入研究其背后机制,注意案例典型性、代表性和可复制性。在企业选择上,要注意各层次企业匹配度,比如国有企业、私营企业、小微企业比例;在区域分布上,要注意区域差异性,特别要重视革命老区和边疆地区;在发展层面上,要注意成长型、发展型、成熟型不同类型企业。

2. 市场监管上更加强调社会效益优先

要根据国家疫情防控总体要求,及时调整行政监管方式,为更多的市场主体创造复工复业和振兴发展的机会。对群众反映比较突出的"低价游""导游服务""老年群体出游"等重点问题,在加强监管的同时还要通过公开信息等方式营造诚信氛围。同时，要按照"以文塑旅、以旅彰文"的要求，更加注重对旅游开发、旅游经营和消费者行为的监管，倡导文明旅游、绿色旅游、正能量旅游。

3. 产业促进上以高质量发展为主题

要进一步强化平民、平等和平稳的发展理念，让读万卷书、行万里路的梦想照进小康旅游的现实。通过发展国内旅游和出境旅游，培育健全人格，逐步实现全体人民精神生活的共同富裕，丰富人的精神世界，增强人的精神力量。要将"游客满意度高不高""市场主体竞争力强不强""发展动能新不新"作为新时代旅游业高质量发展的衡量指标，在质的有效提升基础上寻求量的合理增长。

4. 旅游行政治理上更加凸显现代化水平

要进一步加强需求侧管理，以需求侧管理促进供给侧结构性改革，特别是要下更大的力气研判城市和农村居民的旅游需求及其变化。以消费视角重新审视旅游业，强化客源地思维，以主客共享、存量利用、增量拉动的新理念指导资源开发和项目建设。消费券发放要注意结合各地工作实际以及重点工作，对商家、行业、场景进行针对性选择，并提高消费券核销率。通过有序推进文化和旅游市场监管手段和方式实现数字化转型，为市场主体创造更加便捷的服务环境。在营销推广方面，充分利用数字技术创新手段和方式，丰富内容，扩大场景，加强"本土化"表达，提升消费意愿，推动各地文化和旅游产品"活"起来。

三、旅游公共服务：从专用到共享

（一）旅游公共服务边界拓宽，既是出游前的公共旅游服务，也是旅游过程中的公共服务

1. 完善顶层设计，确定主客共享的旅游公共服务新边界

在实现中国式现代化的进程中，每个人都希望享受平等的旅游权利。游客是出游的居民，居民是未来的游客。习近平总书记指出，人民对美好生活的向往就是我们的奋斗目标，深刻地揭示出中国式现代化所本有的"发展的人民性"这一本质特征，即坚持人民至上，做到发展为了人民、发展依靠人民、发展成果惠及全体人民。2022年国家发展改革委、文化和旅游部联合印发《国民旅游休闲发展纲要（2022~2030年）》，在上轮《纲要》基础上进一步优化我国旅游休闲环境，完善相关公共服务体系，提出部署培育现代休闲观念、保障旅游休闲时间、优化旅游休闲空间等10项重点任务，具体包括优化全国年节和法定节假日时间分布格局、规划建设环城市休闲度假带、以社区为中心打造休闲生活圈、完善休闲服务设施等一系列具体举措。《纲要》进一步发挥至关重要的引领和指导作用，为满足人民群众对美好生活的向往和追求，创造更加充分的基础条件，营造更加优良的环境氛围，是"发展的人民性"特征在旅游公共服务这一特定发展领域的集中体现。

2. 推进文旅融合，探索主客共享的公共旅游新空间

2022年以来，从满足游客和本地民众需求的角度出发，相关地区探索旅游公共服务与公共文化服务机构的功能融合，拓展了旅游公共服务的新空间、新要素，有效提升了地方旅游公共服务的品牌知名度。"十四五"时期，重庆按照"主客共同拥有城市资源和公共服务、共享文化和旅游发展红利，让游客融入当地生活、居民提升生活品质"的目标，推动"十四五"各项规划落地。同时，

重庆将协同推进公共文化服务和旅游公共服务为居民、为游客服务，切实增强居民、游客的获得感和幸福感。围绕"在共同富裕中实现精神富有"，浙江以打造"15分钟品质文化生活圈"推动文化和旅游公共服务供给侧改革。衢州市常山县徐村村建成的"15分钟品质文化生活圈"，覆盖绣溪人文历史展馆、群众文化舞台，以及沙滩休闲综合体、大草坪、百亩紫薇花海、绣溪步道等室外景点，既是村民集体活动的重要场所和休闲娱乐的主要场所，也是外来游客的游玩场地。类似徐村村这样的"15分钟品质文化生活圈"，浙江已建成8122个。围绕文化和旅游公共服务机构的功能融合目标，山东省青州市探索将全市公共图书馆、文化馆、镇街综合文化站等资源进行整合，增加旅游线路和资源宣传功能，极大拓展了当地全域旅游的范围。同时，定期策划组织"文化站长当导游""导游员介绍民俗文化"等系列培训，在全市营造"文旅一盘棋""公共文化机构也是景点"的氛围。依托全区公共图书馆、村级综合性文化中心和旅游咨询服务中心等基础设施，广西推动文化和旅游公共服务机构功能融合试点建设，先后启动了30个村级公共服务中心文旅功能融合试点工程，将旅游要素纳入村级基层公共服务中心，助推乡村振兴。

3. 强化旅游惠民，满足和激发住客共享的旅游新需求

在疫情防控常态化形势下，传统旅游模式已经随着需求的变化，转而向城市大休闲与乡村微度假突破。面对群众旺盛的旅游休闲需求，文化和旅游部以2022年中国旅游日"感悟中华文化，享受美好旅程"主题活动为契机，动员全国文化和旅游系统广泛参与，充分利用各项资源，积极开展文化和旅游惠民月活动。旅游惠民举措包括发放文化和旅游消费券，旅游助老、助残措施，对抗疫工作者、劳动模范等先进群体的优惠措施等。其中，江苏发布旅游惠民月活动的308条惠民政策和180余项主题活动。惠民政策涉及景区门票降价、免费开放等面向大众的优惠措施109条，旅游助老、助残措施55条，面向全国医务工作者等群体优惠措施78条，公益性文艺演出等文艺惠民措施43条，发放文旅消费券8条，其他惠民措施15条。同期，四川发布215项旅游惠民措施；新疆举办266场庆祝活动，推出284条（项）惠民措施；黑龙江省开展238项文旅活动和惠民举措；宁夏推出旅游惠民一卡通、部分主要景区免票或半价优惠以及劳动模范、抗疫医护人员等先进群体优惠等50余项旅游惠民措施；云南各州（市）组织100余项宣传营销、游览体验活动，推出门票减免、发放消费券和加油券等200余项惠民措施。以重庆市文化旅游公共服务平台惠游重庆为主要优惠获取渠道，重庆文化旅游惠民消费季（秋冬）整合各大票务平台、OTA平台、生活服务平台发放消费券。广东文旅消费季惠民补贴活动发放惠民补贴600万元，直接拉动文旅消费约3410万元；广东部分地市文化和旅游部门累计发放文旅消费券约7750万元，有效撬动和释放全社会大量的文旅消费。

（二）树立中国式现代化的旅游公共服务发展新思维，推动旅游公共服务体系的软硬件提升

1. 以科技赋能与示范引领，推进旅游公共服务体系现代化

提升旅游公共服务智慧化水平是适应数字化时代旅游消费升级的重要途径，是促进疫情防控常态化形势下旅游业持续发展的重要手段。党的十八大以来，党中央、国务院高度重视智慧旅游工作，陆续出台系列政策措施推动发展。国务院印发的《"十四五"旅游业发展规划》专设"坚持创新驱动发展"部分和"国家智慧旅游工程"专栏，列出重点工作任务，大力推进智慧旅游发展。2022年全国文化和旅游厅局长会议则提出，深入实施国家智慧旅游建设工程，推进智慧旅游"上云用数赋智"行动计划，加快建设智慧景区、智能化旅游服务系统，让游客享受更优质、便捷的服务。文化和旅游部、国家发展和改革委员会联合发布《智慧旅游场景应用指南（试行）》，发挥旅游业丰富应用场景优势，通过拓展场景应用加快推进智慧旅游发展。指南重点选取了智慧信息发布、智慧预约预订、智慧交通调度、智慧旅游停车、智慧游客分流等10个具有普遍适用性的智慧旅游典型场景，同时遴选出17个典型案例供各地参考借鉴。2022年文化和旅游信息化发展典型案例，文化和旅游部面向社会征集利用5G、人工智能、物联网、大数据等信息技术，创新文化和旅游公共服务内容和手段，丰富服务供给，创新服务形式，提升文化和旅游公共服务效能等方面的案例。

以数字化、网络化、智能化为特征的智慧旅游公共服务建设加快推进，不断提升广大游客出游的便利化和舒适度，进一步增强人民群众文化和旅游生活的获得感、幸福感和安全感。作为全国旅游业转型和智慧旅游标杆，"一部手机游云南"智慧旅游平台，利用数字化技术改善和提高了公共服务的流程及效率，便捷了游客体验。平台于2018年10月1日上线，除了可以为游客提供"食、住、行、游、购、娱"智慧旅行服务，还能让游客实时看到景区拥挤程度、买到比市场价

低20%左右的景区门票。打开App慢直播，观众还可以24小时在线观看云南美景。2021年全省网络零售额1322.96亿元，同比增长19.4%，高于全国3.7个百分点。截至2022年7月，平台已服务游客超2.1亿人次，接入酒店、景区等文旅资源超5万项。浙江运用数字化手段，创新开发"品质文化惠享·浙里文化圈"数字化改革应用，构建线上线下有机联动的服务网络。市民游客通过"浙里文化圈"小程序，可线上查找周边文化和旅游设施及服务项目，完成场地预订或入馆预约。自2022年10月8日小程序正式上线以来，已有近5000人次省内外市民游客通过线上"点一点"，享受到优质的文化和旅游资源。

2. 地区协同、部门联动，多维度探索旅游领域公共服务共建共享

围绕区域资源整合，多地探索跨地协同的旅游公共服务共建共享新路径。2022中国武陵文旅峰会，重庆、湖北、湖南、贵州、四川五省市文化和旅游部门签署《中国武陵文旅目的地共建计划》，上线武陵文旅营销推广平台，以武陵山文旅发展联盟公共服务平台为定位，整合区域文旅产业数据、提供文旅场景化交互工具、连通线上流量入口等，为游客提供一站式旅游公共服务。紧抓黄河国家文化公园建设的重大战略机遇，山西、陕西两省将联合打造面向大众游客的两省文化旅游无缝对接、一体化旅游体验产品，构建起门票互惠、客源互送、信息互通的有效渠道，在旅游基础设施建设、公共服务水平提升、旅游线路宣传推介等方面的交流和合作。

多地强化部门联动，推进旅游领域的公共服务共建共享。吉林省以高速公路为载体，推动"交通+旅游"融合发展，优化城市旅游集散中心购物、休闲等综合服务功能，提升高速公路旅游服务能力。旅游公共服务合作方面，包括共同提升旅游通行能力、加强旅游配套设施建设、提升服务区旅游服务功能等。广西南宁启动全域旅游直通车项目建设，开发环青秀山、环大明山、百里秀美邕江、美丽南方田园游、昆仑大道养生游5条旅游直通专线。同时，规范旅游引导标识，深入开展文旅市场专项整治，文化和旅游公共服务办事项目全部实现"最多跑一次"或"一次不用跑"，项目完成率、执行率、群众满意率等均达到100%。

3. 促进人才支撑与志愿者服务，推进人的现代化提升旅游公共服务

坚持旅游公共服务发展为了人民、依靠人民，充分发挥人民群众的主人翁作用，把人的现代化作为旅游公共服务现代化的出发点和落脚点。文化和旅游部、中央文明办联合印发《2022年文化和旅游志愿服务工作方案》，以城乡基层、民族地区及老年人、未成年人、残疾人等特殊群体为重点，引导开展贴合实际、形式多样的文化和旅游志愿服务。各地广泛开展志愿服务系列活动。以湖南省为例，截至2022年9月全省文化和旅游志愿服务总队共下辖30个支队，包括5个省直支队、14个市州支队和11个高校支队，县级以上文旅志愿服务组织机构4031个，全省注册文旅志愿者36.14万人。2021年全省文旅志愿者共组织开展活动7万余场次，全年服务时长596.3万小时，人均约16.5小时。湖南怀化文化和旅游志愿服务平台登录即可实现线上下单、线下派送的点单派单服务，实现文旅志愿服务与群众文化和旅游需求的有效对接。平台创新开展服务计时和服务积分，根据各志愿服务团队的服务积分，按每周、每月、每季、每年自动生成文旅志愿服务排名，并根据排名给予补贴和奖励。

同时，地方着力推进现代化旅游人才建设。内蒙古自治区召开第二届旅游行业校企对接会，搭建校企合作平台，推动旅游院校与旅游企业的交流合作，提高旅游研究和教育的针对性，拓展旅游专业学生实习就业绿色通道，研究建立"内蒙古自治区旅游产业研究基地""内蒙古自治区旅游人才培训基地""内蒙古自治区旅游行业产教融合联盟""内蒙古自治区旅游数字化公共服务平台""内蒙古自治区旅游人才培养'双进'工程"等推动旅游人才建设。打赢脱贫攻坚战后，"三农"工作重心已全面转向乡村振兴。在巩固前期脱贫成果的基础上，继续发挥好文化和旅游励民、富民、安民的作用，广东实施"人才强旅"战略为乡村振兴提供人才支撑。组织编制《广东省文化旅游助推乡村振兴战略举措研究》，提出乡村文化和旅游人才培养对策。多角度、有计划、有步骤、分对象推进乡村文化和旅游人才培训工作。打造乡村文化和旅游人才发展平台，引导全省文化和旅游志愿者深入基层开展志愿服务活动，鼓励乡村文化和旅游人才通过直播带货等方式宣传推广乡村特色产品。

第七章

游客满意度与旅游高质量发展

2022年全国游客综合满意度指数81.14，同比下降1.29%，出现自2016年以来的首次回落。常态化疫情防控形势下，不可预期的出游环境影响了游客体验，市场期待更多管控放宽政策。本地化、近程化出游加剧了客流集中，旅游行业管理与现代治理面临考验。散客和团队游客满意度均有下降，其中团队游客满意度下滑显著，旅行服务亟待突破。聚焦2022年市场新特征，报告认为，人们对美好旅行的向往从未停止，重体验、强互动仍是核心诉求。基于市场需求，城市更新与社区营造致力于搭建有温度、有厚度的体验空间，有效强化了人与人的连接。科技、文化、企业家精神等多要素推动下，国内旅游产品和业态创新不断加速。未来，建议要用好游客满意度成果，客观理性看到游客满意度，以游客满意推进旅游服务提升。加强旅游行业管理优化，务实推进包容审慎式监管。

一、游客满意度回落，市场期待少一些层层加码与多一些治理创新

2022年[①]全国游客综合满意度指数81.14，同比下降1.29%。游客对国内旅游服务质量的评价总体仍保持在"满意"区间，但全国游客综合满意度指数出现自2016年以来的首次回落。从季度数据看，受国内疫情防控形势等因素影响，2022年游客满意度呈现逐季度下滑趋势，前三季度游客综合满意度分别为81.52、81.02和79.35，第三季度游客满意度从"满意"回落至"基本满意"区间（图7-1）。国内游客综合满意度的回落，归因于国内疫情波动引发出游信心不足和体验下降的影响，也反映出旅游目的地在风险应对、现代治理和服务创

---

① 2022年度游客满意度计算周期均为2021年第四季度至2022年第三季度。

新方面的不足。

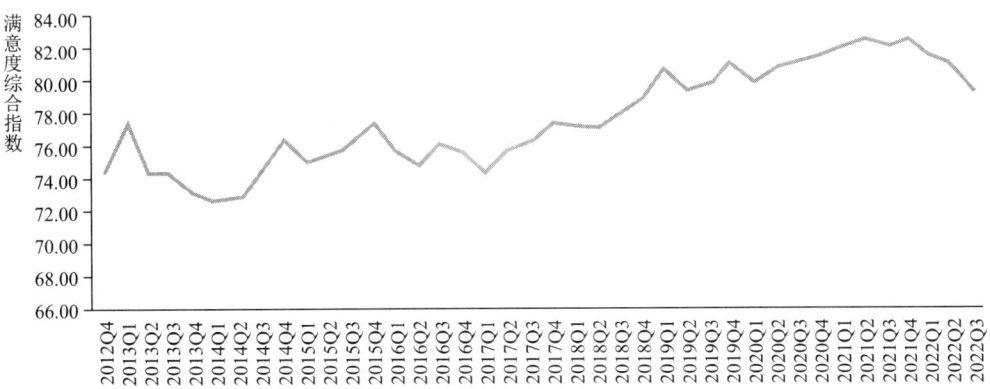

图 7-1 2012 年第四季度至 2022 年第三季度国内游客满意度综合指数（季度）

数据来源：中国旅游研究院游客满意度专项调查。

（一）不稳定环境影响安心出游，游憩体验受到影响

不稳定、不可预期出游环境降低游客获得感和幸福感。2022 年，局部地区零散突发疫情的不稳定形势、各地防控和游客安置政策的不可预期对游客出游造成重大影响。游客满意度细分数据显示，2022 年现场调查满意度指数 84.13，同比下降 1.67%（图 7-2）。"盲盒式出游"成为新常态，哪里没有疫情就去哪里，游客出游范围受限和客流集聚拥堵降低了出游体验。2022 年 7 月，新疆被全国游客挤爆，独库公路变"堵哭公路"，民宿一房难求成为社会热点。同时，疫情突发显著增加了旅游行业管理与风险处置难度，游客安全和权益保障面临挑战。2022 年暑期，三亚突发疫情使得约 8 万人滞留，城市静态管理使得游客旅行强行终止、返程受阻、不可预测支出显著增加。在旅游市场波动回升的进程中，不可预期的出游环境抑制了居民的自由出行、消费与体验，游客满意度提升需要更加宽松的市场环境。

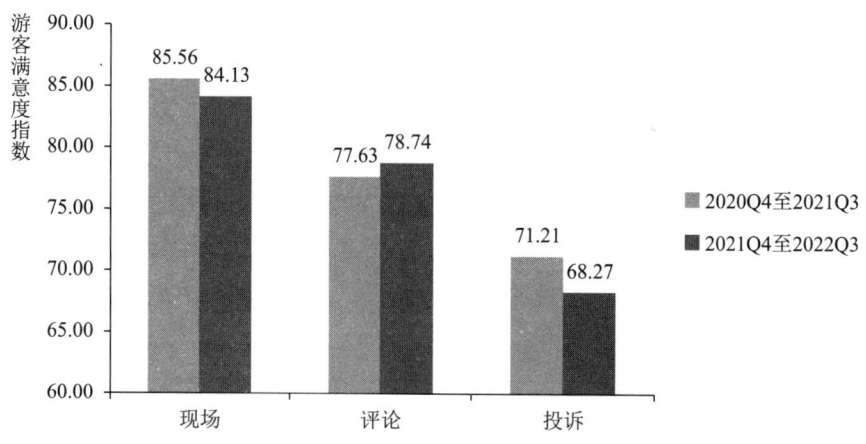

图7-2 2021、2022年度细分游客满意度指数比较

数据来源：中国旅游研究院游客满意度专项调查。

疫情防控、涉疫管理等旅游投诉突出，拉低游客满意度。2021年第四季度至2022年第三季度旅游投诉质监满意度指数68.27，同比下降4.13%，旅游投诉质监满意度指数降幅较大。文化和旅游部投诉平台2022年1~8月受理数据显示，疫情防控、涉及疫情退费问题的投诉比重约为13.4%。因突发疫情导致旅行强行终止、退款纠纷、酒店无法入住、隔离期间权益受到损害等问题严重拉低游客出游幸福感，打击了出游信心。

游客满意度提升需要安心、自由的出游环境保障，市场期待更多有利的政策信号。需求侧有钱不敢花制约了美好旅游生活的实现，游客期待有限范围下的安全、便利、品质旅游休闲空间。"疫情以前的那场旅游跟做了一场梦似的，暑假正在悄悄过去，疫情已经第三个年头了，我们的第三个暑假也正在被吞噬。""疫情中的首次出游，浪漫的西塘古镇不见情侣，民宿老板、饭店老板有气无力地拉着客，口气中透露着焦虑和无奈，生活不易。"旅游市场需要政府释放更加积极、有利的信号，通过政策松绑落实更加精准灵活的疫情防控政策，恢复更加稳定、有序的出游环境，振奋产业信心促进高质量供给，提升游客出游信心，增加游客获得感和幸福感。

（二）本地化出游加剧客流向非传统旅游吸引物集聚，旅游治理面临考验

游客出游范围和出游时间集中，旅游行业管理面临考验。本地、近程出游主导下，节假日、周末出行客流主要集中在城市及周边，交通拥堵停车困难、住宿性价比偏低、娱乐创新不足、价格不合理等问题制约旅游服务质量提升。游客满意度调查数据显示，2022年交通、餐饮、住宿、购物、娱乐等涉旅服务游客满意度指数均出现下滑。2022年国庆假日期间，北、上、广、深等大中城市周边高速公路流量及路网运行压力较大，城市内部热门商圈、景区车流集中，车行缓慢，停车困难等问题时有发生。受工作单位、子女入学等疫情防控要求影响，大多数家庭选择都市游、周边游、乡村游等休闲方式，度假酒店、民宿、景区星级酒店等住宿价格水涨船高，"自驾＋露营"市场热度延续，国内多地公园、露营基地区域周边出现交通拥堵、营地内停车位紧张，民宿、帐篷预订爆满。节假日期间游客对于露营的反馈中，"贵""枪手""割韭菜"为高频词，一线城市周边营地的价格已经堪比高端民宿和星级酒店，"价格乱定、服务混乱，没有运营，只有'照骗'"为游客诟病。居民出游半径收缩，出游时间缩短，客流短时快速集聚带来的交通、目的地接待、公共服务等压力对旅游行业管理和现代治理提升提出了更高要求（图7-3）。

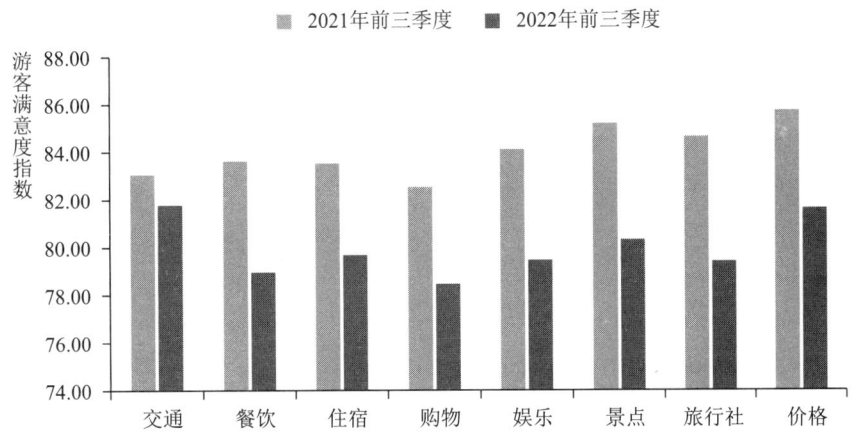

图7-3　涉旅服务游客满意度指数比较（2021年、2022年前三季度）

数据来源：中国旅游研究院游客满意度专项调查。

游客新需求尚未得到满足，产品创新和服务提升面临更多挑战。以移动互联网和大数据为代表的科技应用，将人们在空间移动过程中的文化休闲、旅游体验的碎片化需求，与从戏剧场到菜市场的分散化供给做了即时有效的连接[①]。2022年，旅游需求仍聚焦于国内市场，特别是本地化市场，但目前传统的旅游供给尚无法有效满足这些新需求。相对于远程、低频的观光旅游目的地，近程、高频的休闲客源地更有可能成为产品迭代和业态创新，也为市场复苏和产业振兴提供了稳定的市场基础。本地休闲和近程旅游意味着更低的客单价和更高的消费频次，也意味着不得不面临着本地生活供应商和数字化分销平台的同场竞争。游客是旅游业的定义者，旅游市场仍需在有限的资源中挖掘文化底蕴，钻研旅游创意，创新旅游场景，开发可持续商业模式，辅之以科学适度的行业指导和监管，实现旅游产品的创新迭代和旅游服务的持续提升。

（三）疫情造成行程变更纠纷，团队游客满意度下滑幅度更大

2022年团队游客现场满意度下滑2.19%，旅行服务亟须创新突破。2022年，在旅行社涉疫退费纠纷、购物纠纷、导游服务等问题影响下，团队游客现场调查满意度下滑显著，跟团游客满意度84.20，同比降幅达到2.19%。散客市场，尽管出游范围收缩，但围绕大众旅游、自驾自助出行的商业环境、公共服务、市场主体创新仍在延续，散客现场调查满意度83.95，降幅相对较小，同比下降1.13%。旅游已回不到过去，以旅行商为主导，以旅游地标打卡为卖点，以价格为竞争优势的旅行服务已无法适应市场，举步维艰。旅行服务创新需要回归人的连接，目前，家庭亲子、社交社群成为主要的出游形式，围绕家庭、社群构成的再团化群体，提供定制化、小团化精益服务是旅游行业创新求存的合理路径。旅行服务业需要紧跟快速演进的游客需求，兼顾产品创新与投入产出，实现新时期高质量团队服务（图7-4）。

[①] 戴斌.智慧旅游：小康旅游时代的新期待［N］.北京日报，2020.2.

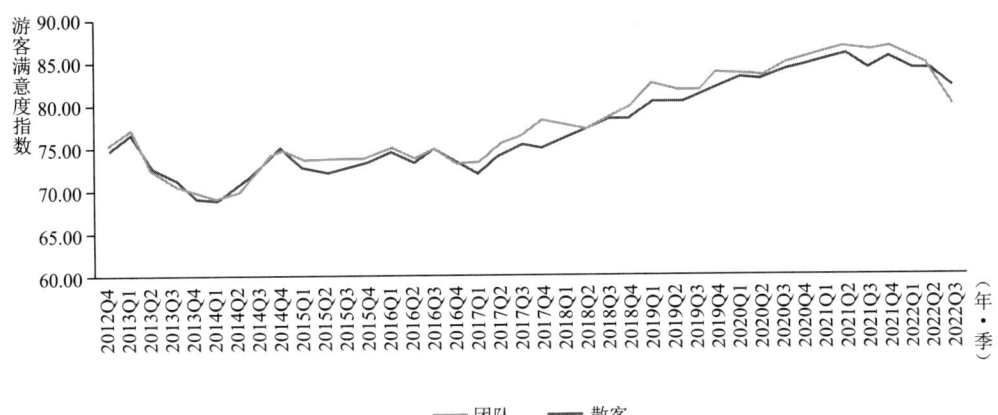

图 7-4 2012Q4 至 2022Q3 散客和团队满意度比较（季度）

数据来源：中国旅游研究院游客满意度专项调查。

二、旅游需求日新月异，好产品是保证游客满意的第一步

（一）重体验、强互动是支撑高水平游客满意的关键

人们对美好旅游生活的向往从未停止，深度体验、多元社交、知识获取、情感联结构成了旅游市场需求的核心。尽管出行受限，但人们的需求演进从未中断，当下，游客的文化和旅游休闲更加关注休闲场景的品位、互动场景的氛围和专属人群的归属感，对具有故事叙述性、游戏玩法性、互动实景性的场景更为青睐。都市文艺游、亲子研学游、潮流户外游、品质乡村游等多样玩法丰富了居民文化和旅游生活。都市休闲领域，音乐节、咖啡节、游戏狂欢节等节庆活跃了休闲氛围，严肃的文博展览与活泼的跨界艺术展、动漫展等满足了差异化需求，复古收藏、手账市集、车尾箱市集等创意市集丰富了城市调性。潮流户外领域，陆冲板、桨板、飞盘、骑行、尾波冲浪、皮划艇、腰旗橄榄球等潮流运动满足了青年人释放天性与社交联系的综合需求，引领了都市轻户外、轻旅游的新潮流。乡村休闲领域，放松休闲与历史感悟兼顾、自然风土与现代生活交融的村落成为游客乡村游、近郊游的重要选项。需求牵引下，国内文化

和旅游融合日益紧密。中国旅游研究院《2022年上半年全国文化消费数据报告》显示，超过九成的受访者表示会在旅游中进行文化消费。游客的文化体验内容包括文化场馆参观（29.6%）、打卡文艺小资目的地（46.1%）、看剧观展（47.9%）、演艺/节事（31.1%）、民俗体验（16.1%）等。从消费支出结构看，文化消费在旅游支出中的比重主要集中在10%~30%和30%~60%区间。

主客共享成为行业共识，旅游产业边界正在重构。城市或乡村，既是居民的，也是游客的，营造主客共享美好空间已经成为行业共识，基于此，更多的市场主体既服务于本地居民的衣食住行，也服务于外来游客的居停游乐，同时具有旅游、文化、科技、商业等生产和生活服务业的多重属性，传统旅游产业边界的消失与新业态的重构正在加速运行。我国已进入国民权利不断普及的大众旅游高级阶段，进入了消费不断升级，个性化、多元化日益凸显的小康旅游阶段，游客对融入异地生活空间的需求依然强烈，倒逼旅游行业去旅行社化、去景区化、去酒店化的进程加速。本地生活向导、本地化社群成为游客需要的现代旅行服务商，彰显异地风情的城市街区、公园、戏剧场、菜市场成为游客钟情的目的地，城乡民宿、短租公寓、分时度假等多元住宿体系满足了游客融入异地的精神诉求。主客共享美好空间成为游客满意度提升的重要抓手。

（二）通过城市更新与社区营造强化人的连接是新时期游客满意的重要方向

游客满意度的高低，是城市综合发展质量的总体体现，是城市整体承载能力、公共设施完善程度、城市服务水平以及城市文明程度的集中体现。2022年，游客满意度排名前十位的城市分别为杭州、青岛、重庆、厦门、济南、福州、秦皇岛、武汉、北京、苏州。从城市游客满意度数据可以看出，越是经济发展较好、公共服务配套完善、商业环境优越的城市，游客满意度越高。因此，依托城市更新，优化城市的交通基础设施、商业接待体系、公共服务体系等，可提高游客幸福感和满意度。

近年来，国内多个城市通过城市更新和微更新，唤醒人与人之间的互动，激发旅游活力。重庆九龙坡区九龙意库文创园将曾经的储运公司的仓库楼改造为文创园，以文化艺术介入城市更新，以创意产业和生活美学为主体，打造集开放、创新、共生于一体的城市美好生活高地。城市更新建筑师何志森致力于让菜市场走进美术馆，改造广州农林街菜市场、成都菽香里菜市场，将菜市场与美术馆结合，让菜市场成为艺术创作的一部分。城市更新通过对城市空间的改善提升，关注城市生活空间里个体隐秘而被忽视的需求，赋予公民更多参与共建的权利，通过非常微观的介入，重新去发现人与人之间的关系、唤醒人与人之间的互动。

社区营造搭建有温度的、有厚度的旅游空间，提升游客获得感。去社区旅行，在城市、乡村的各个社区，或领略城市美学，或体验乡村栖居，或感受美妙风景，已成为旅游新兴业态。围绕游客深入城市肌理，融入乡村生活的诉求，国内旅游目的地积极投入社区创意营造，通过场景创新、人文精神传递，提升游客满意度。良渚文化村秉持和谐共生的原则，深耕社区营造，重构当代社区邻里关系，市民、游客在村内感受社区风俗，在良渚文化艺术中心感悟文化遗产魅力、购买文创产品、观看展览和演出，打造高品质沉浸式休闲社区。成都"天府社区游"多条路线出炉，玉林、老马路社区的社区游路线不仅有效串联起历史人文、生活方式、文娱场景，还能结合人群、时季等多种因素，制定不同的游览线路和旅游产品，打造"天府社区游"武侯IP。高新区石羊街道盛华社区打造"社区幸福环形游线"，招募社区居民担当导游，引导居民从自身生活所感出发，讲解社区文化，讲述盛华故事，让幸福生活可视有感。

（三）用需求倒逼旅游产品和业态创新是维持游客满意的重要法则

科技加持让小众变大众。国内文化和旅游需求依然旺盛，技术支撑和知识创博降低小众门槛，公共配套服务日益完善，在这些利好因素支撑下，旅游产品和业态创新持续加速，小众旅游产品不断拓展。以观星游为例，继露营之后，观星成为一线城市居民的新玩法。当下，技术进一步降低了普通人观星的门槛，各种星空模拟软件及天气预报App为观星提供便利，人们愿意为了休闲体验购买专业设备，同时观星目的地的交通、住宿、餐饮等服务设施相对完善，以大鹏西浦的深圳天文台—大鹏星空公园、上海临港新城星空之境海绵公园、观星小屋为代表的观星游热度不断攀升。

文化赋能凸显城市商业调性。围绕当代消费者追求的无界感、代入感、沉浸感，国内多地城市的商业街区、文化街区、商业综合体等加快了在潮流时尚、文化创意、科技赋能、场景营造等方面的创新探索，成为当下重要的文化和旅游休闲场景。2022年上半年，游客在目的地游览商业街区的比例高达89.0%。游客对当地生活方式、时尚生活、文化展演、地标建筑等综合商业环境更为深刻，面向当代的文化内容创造和面向居民的文化生活培育等潜力巨大。

企业主体创新打通最后一公里。旅游企业已经不断发力重构美好生活下的小空间和新物种。斯维登创造性地将睡眠空间变成了美好生活体验场景，西安旅游集团以工匠精神打造独具风味的"老字号"古都美食，广之旅组织万名老年人感受粤港澳大湾区布局下城市建设的巨大变化。市场主体的创新努力正在打通游客满意度提升的最后一公里。

现代商业环境支撑旅游创新。在大众旅游和国民休闲时代，重视城市商业环境的功能，发挥市场主体的作用，是最大限度地凝聚城市旅游的发展共识[①]。成功的城市商业环境包括现代交通体系、多元旅游住宿和餐饮业态、创意文化休闲空间、精品购物空间等，所有日常生活所及的公共场所，共同构成了当代城市的人文空间。商业环境越完善，本地居民和异地游客的幸福感越强。

三、趋势及建议

进一步完善游客满意度调查的理论、工具与方法，用好游客满意度调查成果，使之成为新时代旅游治理体系现代化、推进城市旅游高质量发展的有力抓手。客观看待游客满意度，关注整体市场走向和游客真正的需求。旅游服务质量的提升是长期发展的动态演化过程。要使游客满意，需要基础建设、公共服务和专业运营体系在内的城市综合环境提升，而且还包括城市总体文明程度的提升等。客观把握旅游经济运行发展的基本规律，深入了解和分析影响游客、当地群众满意度的因素，通过党委、政府的重视和全社会动员，真正把政府意志转化为全民共识，从方方面面打好基础，稳步推进工作。

依托科技助力提升旅游行业管理能力，务实推进包容审慎式监管。加强旅游现代化治理水平，提高游客接待、风险预警和资源调度能力，有效应对客流高峰、疫情防控等突发情况。行业监管不能仅仅满足于做大平台、大屏幕等硬

---

① 戴斌.没有商业环境，城市旅游将无处安放——在WTCF香山旅游峰会上的主题演讲.2019.

件投入，更要聚焦治理欺诈消费、强迫消费、不合理低价、滥用市场垄断权利等不诚信经营，以及有悖公序良俗的不文明旅游。借助互联网和大数据，坚持依法治旅、依法兴旅，才能不断提升旅游治理体系和治理能力现代化水平。

持续鼓励旅游各环节市场创新，以多元供给和精益服务提振出游意愿，促进旅游消费，实现游客满意。坚持需求导向，坚持游客视角，围绕游客的消费需求和旅游市场的基本规律，鼓励市场主体在全产业链的积极创新。探索从风景到场景的新路径，研究从旅游城市到城市旅游的长期战略，通过需求挖掘、供给创新、管理提升，完善食、住、行、游、购、娱各环节产品和服务，持续提高游客满意度。

责任编辑：谯　洁
责任印制：冯冬青
封面设计：中文天地

图书在版编目（CIP）数据

2022年中国旅游经济运行分析与2023年发展预测 / 中国旅游研究院编. -- 北京：中国旅游出版社，2023.2
ISBN 978-7-5032-6740-6

Ⅰ. ①2… Ⅱ. ①中… Ⅲ. ①旅游业－经济分析－中国－2022②旅游业－经济预测－中国－2023 Ⅳ. ①F592.3

中国国家版本馆CIP数据核字（2023）第020005号

书　　名：	2022年中国旅游经济运行分析与2023年发展预测
作　　者：	中国旅游研究院编
出版发行：	中国旅游出版社
	（北京静安东里6号　邮编：100028）
	http://www.cttp.net.cn　E-mail:cttp@mct.gov.cn
	营销中心电话：010-57377108，010-57377109
	读者服务部电话：010-57377151
排　　版：	北京旅教文化传播有限公司
经　　销：	全国各地新华书店
印　　刷：	三河市灵山芝兰印刷有限公司
版　　次：	2023年2月第1版　2023年2月第1次印刷
开　　本：	787毫米×1092毫米　1/16
印　　张：	7.25
字　　数：	112千
定　　价：	48.00元
ISBN	978-7-5032-6740-6

版权所有　翻印必究
如发现质量问题，请直接与营销中心联系调换